U0583953

与最聪明的人共同进化

HERE COMES EVERYBODY

CHEERS

Race
Everything

亚索赛事锦囊

[美] 巴特·亚索
Bart Yasso
埃琳·斯特劳特　　著
Erin Strout

刘瑾青　　　译

浙江人民出版社
ZHEJIANG PEOPLE'S PUBLISHING HOUSE

写给跑圈的所有人，我必须谢谢你们，是你们一直鼓励着我。在过去 40 年里，能和这个星球上最友善的人们一起跑步让我充满动力。

　　我知道，只有在跑步的时候我才更像自己，尽管可能只有几公里的距离，或者可以说：我最爱跑步中的自己。

——巴特·亚索

李小白

新丝路时尚集团创始人、名誉董事长，2016 年中国马拉松十大跑步人物，中国马拉松大满贯形象大使

　　跑步是一项自己要求自己向上的运动。我认为亚索与我们一样，都是普通的跑者，但是他在不断探索中，找到了跑步中的规律并奉献了出来，给大家以信心和指南。借助《亚索赛事锦囊》，你可以根据亚索提供的科学方法完善自己的训练方式。更重要的是，在与亚索对话的过程中，我们要学会像他一样更多地了解自己、发现自己的潜能，包括培养自己的心智与精神，进而超越自己。

田同生

跑哪儿科技（北京）有限公司联合创始人

　　通过《马拉松训练宝典》一书，我认识了亚索。那时，我学习跑马

拉松不久，基本上属于野蛮奔跑型跑者，无论是训练还是比赛都没有任何科学性，我从"宝典"中学习了不少东西。2014 年，我第二次跑波士顿马拉松的时候，在博览会现场见到了亚索，我告诉亚索，我正在学习他的"亚索 800"训练法。2017 年 10 月，我到美国参加海军陆战队马拉松，又在赛道上偶遇了亚索。

　　过去 10 年里，我跑了 116 场全程马拉松，虽然不曾有过骄人的成绩，但是我从来没有受过大的伤病，究其原因，科学训练是重要的一条。尽管我们每一个人的身体条件、经济实力不尽相同，但是我们都可以用科学的方法提升自己的跑步能力。《亚索赛事锦囊》就是一本关于科学训练、科学参赛的书，可以帮助我们每一个人提升成绩、避免伤病。

谭杰

国家体育总局新体育网专职编委

　　第一次遇到巴特·亚索是在 2016 年的纽约马拉松博览会上，他在为自传《奔跑的人生》（*My Life On The Run*）做推广，我买了一本请他签名，他写了一句话，"Never Limit Where Running Can Take You"（奔跑所至，永不设限），当然他给每个人写的都是这句。我告诉他，我是来表示感谢的，因为我去年按照他的"亚索 800"进行速度训练，结果顺利达到了 BQ。亚索很兴奋，高声喊着："BQ runner from CHINA！"（中国的波士顿达标选手）半年之后，在波士顿马拉松赛前一天的终点线前，我又遇到了他，跟他打了个招呼，他先是愣了一下，然后突然想起来了，"BQ runner from CHINA！"我就此相信，如很多人所说，亚索是那种对于与跑步相关的事情记忆力极强的人。

这本书是亚索根据自己的职业生涯总结出来的关于各种距离、各种气候、地理条件下的赛事的应对方案大全，以他极其丰富的参赛经历、超强的记忆力，以及随和热心的性格，你绝对可以相信并实践他所说的一切。

王乐

人民体育研究院秘书长

这里有关于跑步比赛的一切。无论你是刚出道的"菜鸟"，还是身经百战的老将，都能找到有趣、实用且有价值的部分。在巴特·亚索40多年的传奇跑步生涯中，善交朋友让他成了名副其实的故事大王和哲学家。他把跑步比赛的种种细节都变得妙趣横生。如果你喜欢跑步，一定会去比赛，如果你参加比赛，一定要看这本书。

陈远丁

新浪跑步执行主编

你固有印象里的"亚索800"很可能是错的！它最有用之处在于能衡量你的身体状况，是一种全马成绩预估手段。在亚索看来，最成功的跑者应当是多年坚持训练的人，更是懂得恢复与休息的人。而交叉训练、柔韧性与核心训练是避免伤病的必修科目。这本书还原了"亚索800"的真相，澄清谬误，并为你提供了真正的训练计划。

顾晓明

慧跑创始人

这是一本营养丰富、结构完整的跑步书。如果你是一个初跑者，那非常幸运，阅读这本书，你将收获到一个正确的跑步开启方式；如果你是一个老手，那这本书绝对会让你对跑步及比赛有一个崭新的认识！

林琳（老虎）

国内知名公众号"跑步者说"创办者，跑步习惯养成社群"百人百天"发起人

有一句话是这样说的，"如果只能做一件事，那就去跑步，你对生活的很多疑惑，都会在奔跑中不知不觉找到答案"；那现在我想说，"如果只能读一本跑步书，那就看《亚索赛事锦囊》，你对跑步的诸多渴望和好奇，都可以在一章一页的阅读中得到满足"。

巴特·亚索，没有什么能让他停下

戴维·威利
《跑者世界》前总编辑

在我任职《跑者世界》（Runner's World）总编辑的 14 年里，我去过各类大大小小的赛事，没有一次不被问到巴特·亚索。过去数十年，他一直被称为"跑步大神"，担任《跑者世界》的首席跑步官。亚索是那种让你觉得作为朋友你会特别骄傲，但是又不会觉得很特别的人。因为他似乎认识所有的人，而所有的人也都认识他。在机场，在赛事博览会上，在意大利面晚宴上，在移动厕所外等候的人群里，人们热情地涌向他，像看到许久未见的亲人。他通常不但记得这些人的名字，而且记得他们从哪儿来，以及他们的马拉松个人纪录。

多年以前，我在宾夕法尼亚州的以马忤斯（Emmaus）《跑者世界》的办公室公共区域看一赛比赛时拍的照片，为我们正在写的一篇报道做准备。亚索正好路过，停下来和我们一起看这些照片，他盯上了一张有很多跑者刚刚穿过起跑线的照片。我不记得这是一场什么比赛了，但是我记得这张照片是从选手们的腰部位置开始取景构图的，所以只能看到他们的腿。亚索手指着其中一位男士的双腿说："我认识这个家伙！"这么多年过去了，我已经不记得那位男士叫什么名字，但是仍然记得当时亚索是如何大声地说出了他的名字，甚至还说出了这位跑友的完赛时间。我当时目瞪口呆，被这个事实所折服：亚索竟然通过看到的一双腿就认出了他的一个跑友！

亚索还有一个为人熟知的地方，就是他很善于与从未见过的跑友们建立密切联系，即使他们没有见过他本人，他们也听过亚索的传说。乔安娜·戈卢布（Joanna Golub）是《跑者世界》的撰稿人，做过好几年营养专栏的编辑。有一次，她去一个偏僻的阿拉斯加冰川区徒步旅行，那儿离城区有数百公里远。一次偶然的机会，她和导游提到了她上班的地方，她的导游立刻大喊了起来："噢，天哪，那你认识巴特·亚索吗？"亚索自然没有来过这个冰川，但是遇到乔安娜——"大神"隔壁的同事，成为这位导游可以说道的美事。

"亚索 800"

亚索的名声至少有一部分能追溯到 1981 年。那时他的训练本来很平稳，但为了打破个人纪录，他突然做出了一个决定。那年亚索 25 岁，他想要获得波士顿马拉松参赛资格，这意味着他需要在 2 小时 50 分钟内完成全程马拉松——比他当时的个人最好成绩还要快上 17 分钟。所以，亚索想出了一个提升速度的日常训练计划，在他当时每周训练的基础上新加了一项训练内容：在跑道上先快跑 800 米再慢跑 400 米 ①，如此重复 10 次，或者累计达到 12 公里的跑量为止。这个训练很有效，他获得了波士顿马拉松参赛资格，比门槛快了 1 秒钟。亚索在之后参加的所有马拉松比赛中一直沿用了这种方法，并且坚持在他的跑步日志中记录下了所有的训练数据。

几年下来，亚索注意到自己的马拉松完赛成绩和他的那些间歇训练（10 组 800 米）在时间上有一种奇特的关联性：如果每组间歇跑平均用时 2 分 40 秒，他的马拉松完赛成绩就会在 2 小时 40 分钟左右；如果他每组间歇跑用时 2 分 50 秒，那就意味着他的马拉松完赛成绩会在 2 小时 50 分钟左右。自从采用了这种训练方法，在他跑过的 15 场马拉松比赛里，有 14 场的结果被验证了符合这个规律。亚索一直以为这只是一个有趣的巧合，直到有一天他无意中告诉了当时《跑者世界》的主编安比·伯富特（Amby Burfoot），从此成就了如今在全世界跑友中闻名遐迩的"亚索 800"。安比写了一篇关于这种训练方法的新闻报道，并以亚索的名字给这种训练方法命了名。安比解释说，就像天文学家会给他们发现的新星体命名一样，亚索为什么不可以也获得这样的荣耀呢？

今天，如果你在搜索引擎上搜"亚索 800"，出来相关的搜索结果超过 97 万条。无论是入门的跑步爱好者还是奥运选手，在自己的目标

---

① 这里说的慢跑，比轻松跑还要慢，相当于走路的配速或略快。——译者注

赛事前几周都会进行这种训练，这成了诸多跑友们参加马拉松比赛的主要训练方法。但这些都还不足以说明为什么亚索享有如此巨大的声望。"亚索 800"为亚索赢得了一定的教练技术声誉和知名度，但他今天被众多团队的跑友们热爱着，并不是因为他知道得多，而是因为他所做的以及他的为人。

奔跑的人生

简而言之，亚索为跑友们做过很多事情，他也是我认识的人中跑得最有趣的。他在 2008 年出版的自传《奔跑的人生》(My Life on the Run) 中详细叙说了自己众多的冒险经历和成就，以及他在这一过程中是如何不断克服个人危机和迎接挑战的。正在读这本书的读者，有的可能已经读过他的自传，有的可能没有读过。如果你还没有读过，那么你应该读一下，因为亚索的一生真的很精彩。

亚索去过很多地方。他的护照上有世界各国的签证：澳大利亚、新西兰、尼泊尔、秘鲁、肯尼亚、坦桑尼亚、印度、埃及和其他一些遥远的国家。我保证，如果有幸再遇到的话，亚索还会记得他在这些国家见到过的每一个人。

当然，亚索也在世界各地参加跑步比赛，多得可能数不过来。但是，让亚索的跑步生涯和这本书特别的并不是他的人生清单，而是他的洞察力。亚索经历过作为跑者可能经历的一切，这使得处于不同阶段和水平的跑者都能与他产生共鸣。他早年的马拉松比赛个人最好成绩是 2 小时 40 分钟；他完成了闻名世界的最艰难的跑步赛事：恶水超级马拉松比赛，还有著名的南非同志超级马拉松比赛 ①，他甚至和 1972 年的奥运会马拉松冠军弗兰克·肖特（Frank Shorter）在一场比赛中势均力敌。

尽管亚索获得了很多的荣誉和成就，但他一直脚踏实地，非常谦逊。就个人而言，他遭遇了所有跑者都可能遇到的逆境。1990 年，亚索不知道什么原因感染了莱姆病（Lyme disease）；6 年后，当他攀登非洲乞力马扎罗山的时候患上了面部神经麻痹，这导致他的左脸和左边身体暂时性瘫痪，给他带来了关节疼痛以及膝盖、臀部严重的关节炎。这些病症还使得他的跑步速度变得很慢，有一段时间内他甚至都无法轻松地跑完几公里。但他并没有就此停止跑步，我想不出有什么事情能让他停下。他克服困难，坚持跑了下来，最终身体状况有所好转。坚持跑步虽然很难，却能给人们带来健康。亚索对这项运动也怀有强烈的感激之情。亚索的个人纪录已经成为历史，但是他发现参与与跑步相关的其他工作也同样令他感到高兴，比如做志愿者、教练、赛事指导或者帮助本地的跑团等。

2003 年，我刚开始在《跑者世界》工作，必须承认，那个时候我还没有完全认识到亚索的魅力。我只知道他在市场部工作，整天骑着一辆自行车来上班。当时，《跑者世界》有一个很大的跑步比赛赞助项目，我们和全国数以千计的赛事合作。所以那些年里许多赛事的号码牌、赛事包等上面都会印上《跑者世界》的标识。亚索是和这些赛事主管沟通的负责人，他每年有 200 多天都是在路上，参与或者直接参赛，

---

① 这其实是个误称，实际距离至少有 89.6 公里，每年的路线因为上坡或者下坡而有所不同。

有时候做终点线的宣布人，有时候还会做意大利面晚宴的发言人，他总是和跑者们在一起。这也是他会认识那么多人的原因，而他也因此了解到非常多的关于美国路跑的亚文化。

我很快就意识到，楼下办公室里的这位亲切的老哥不仅见识了得，而且是一个生动的说书人，并且是《跑者世界》和我们这项运动的卓越大使，我们应该进一步探索亚索渊博的知识，并且与更多的读者分享。因此，在 2004 年 1 月，跑友们正在计划下一年比赛时间表的时候，我们发表了一篇名为《亚索魅力马拉松之旅》的专题报道。这是亚索最爱的 42.195 公里赛事的集大成，通过新奇、直白的语言描述了每一场赛事的精彩之处。这个专题报道取得了成功。

在那之后，亚索撰写了他的自传《奔跑的人生》，以及许多关于跑步和赛事的文章及博客。

亚索继续周游世界，和跑者们建立联系，从大城市到小城镇，从和平安宁的国家到战火纷飞的地区。他训练了数以千计的跑者，也鼓励更多的人成了各自年龄段中积极励志、可供学习的榜样。我已经数不清多少次直接亲眼所见、亲耳所闻这些案例了。

首席跑步官，让一切发生

自 1987 年亚索开始在《跑者世界》工作之后，世界发生了很多变化。赛事的参与率激增，有些赛事开始涵盖了接力赛、泥地赛跑、探险跑和其他非常规比赛项目。大量女性也加入到这项运动中来，在某些距离赛事中，女性的参与人数甚至超过了男性，例如半程马拉松。当然，科技也改变了我们追踪、分析跑步数据的方法，以及如何与其他人联系的方式，亚索喜欢并适应这一切改变。亚索早在几十年前就开始了他的跑步职业生涯，但他紧跟时代潮流，很快就喜欢上了社交媒体，毕竟那是所有跑者的聚集地。现在，他随时可以在办公室或者在某个他正在参加的赛事上，和他数以万计的追随者们进行互动。

接下来就顺理成章了，亚索的数码技术和他移动办公的性质发生了交集，这给了我们一个新的社交互动形态：Bartie。现在，只在赛事里、展览会上或者意大利面晚宴上见到亚索已经不够了，所有的互动都会被视频记录下来，然后进行最广泛的传播。有时亚索自己使用 Snap 发布他的 Barties，有时他的粉丝们也会这么做。最基本的要素都一样：一部照相机或者智能手机。前景会出现亚索的脸或者至少是他的头的一部分，背景里则是一群快乐的跑友。

2016 年，《跑者世界》在宾夕法尼亚州伯利恒（Bethlehem）举办半程马拉松时，我拍摄了一张 Bartie 图片，亚索在这场成功举办的赛事里起了关键作用。这个地方是他长大并且仍旧居住的小镇，他亲自设计了跑步的路线。我不认识照片中我们身后的人们，但是亚索应该都认识。我在我的手机上保存了这张图片，因为这代表了我们 14 年的友谊以及在《跑者世界》多年的合作。这是我们最后一场一起跑过的赛事。另外，我也住在伯利恒，这张 Bartie 图片让我记得我们是如何从草稿开始策划、组织这场赛事的，也记得这项每年举办一次的赛事给大家带来了多少乐趣。我敢肯定，如果不是我们的首席跑步官亚索，这一切都不会发生。

　　亚索是我认识的所有人中对比赛和赛事最了解的人，这本书汇集了他几十年来积累的所有专业知识。这本书也是一本非常有用的指南，对于参加世界上最好的比赛，如从 5 公里马拉松到超级马拉松、接力跑、铁人三项、非常规项目比赛等有着指导作用，还可以帮助、指导你跑出最好的成绩。无论这个最好对于你来说意味着什么，可能是你的最好个人成绩，也可能是指首次完赛，等等。这本书还包括了训练计划、赛程小贴士、营养建议以及其他不可或缺的知识。与其他同类的指南和知识类书籍不一样，阅读本书会让你充满愉悦感，这是因为首先亚索有缜密的记忆力，他记住了所有有趣的细节和搞笑的奇闻轶事，包括人物名字以及形象等。其次，这本书是亚索和才华横溢的《跑者世界》特约编辑埃琳·斯特劳特（Erin Strout）合作完成的，其中包含了亚索很多的故事与感悟。

　　你可能已经听说了亚索于 2017 年底退休的消息，如果运气好的话，你可以在他推荐的某些赛事上见到他。如果你见到他，请向他问个好并说出最简单的 5 个字：谢谢你，亚索。这是我们向他一生为跑步爱好者们所做的，以及之后会持续做的一切给予的最基本的敬意。

　　同时，别忘了他的 Bartie。

扫码下载"湛庐阅读"App，
搜索"亚索赛事锦囊"，
获取亚索给你的训练计划。

参赛的意义

那是 1977 年的秋天，21 岁的我把青春几乎都浪费在香烟、啤酒和大麻上。我穿着裤腿被剪短过的牛仔裤，系着一条皮带，穿着印有百威标志的 T 恤和帆布鞋，上街开始我的第一次跑步。我径直朝 1 公里外的酒吧跑去。到达后，我喝了两瓶啤酒庆祝了一下，然后走回了家。

对于被跑步永远改变了生活的我来说，这并不是一个很好的开始。但不管怎样，这是一个开始。

成功鼓动我跑起来的是"白兰地"，它是我女朋友的狗，每天我都要带着它去散步。每当解除牵狗绳的束缚，可以自由地玩耍和嬉闹的时候，"白兰地"都会表达出纯粹的快乐。那些散步最后都变成了我自个儿的跑步。我逐渐享受这种自由自在的感觉，逃离了之前堕入的那种黑暗日子。我的哥哥乔治察觉到我的这种变化。作为父亲般的人物，他很支持我人生中的这次转变。1980 年，他鼓励我和他一起参加在宾夕法尼亚州摩尔镇（Moore）举办的 10 公里跑，那儿离我们长大的方廷希尔镇（Fountain Hill）很近。我当时留着的蓬松大胡子挡住了我的半边脸，我的另半边脸也被又长又乱的头发盖住了。

那是流行自拍的几十年前，我看起来就像一个奔跑的穴居人。我不是很情愿去参加，也不知道自己在做什么。

但重要的是，我还是出现在赛场上了。那天早上，起跑枪声一响，我像颗子弹一样冲了出去。第 1 公里我用了 3 分 18 秒，还傻乎乎地跟着一群经验丰富的参赛选手跑在领先的梯队里头；到第 3 公里的时候，我的配速和步幅都开始放慢；到第 5 公里的时候，我开始想吐。乔治超过了我，他没有回头；大约在 40 分钟的时候，我到达了终点线，240 位选手中，我排在第 40 名。我当时心里想：嗯，还算不错。隐隐约约地，我觉得内心有一些东西被激发了出来。

那天我回到车边，汽车挡风玻璃上面贴着附近即将开始的其他赛事的宣传单，有点儿像 20 世纪 80 年代的电子邮件营销。乔治很睿智，看出了我爱参与竞争的天性，向我提出新的比赛挑战。3 周后，我们又出现在 10 公里比赛的起跑线上，这次是在宾夕法尼亚的伊斯顿（Easton）。在那里，我经受着巨大的挑战，也被一种新的强大的目标所震撼。前几公里我控制着自己的速度，大约在 8 公里的时候我超过了乔治。到达终点线的时候，我的潜意识里有个声音在说：我的生命从此将会大不同。我非常感激且非常着迷，迫不及待地开始了我的第一场马拉松。

最初的比赛让我在赛后的几天里步履蹒跚。我从来就没有完全弄明白过，自己是如何通过几次 10 公里赛事的尝试，就确定把跑步作为自己的事业的，并且一跑就是 40 多年。我没想过这项运动居然可以让我到全世界参赛。我去遍了七大洲，在我出席过的将近 1 800 次赛事中，我至少跑了 1 200 场。我参与的赛事距离从 1.6 公里到 235 公里，从南极洲、南非、印度、罗马到死亡谷、波士顿、纽约、芝加哥。跑步这项运动把我与一群积极的、有健康意识的、友善的社会群体紧密地联系在一起，让我能和世界上最能鼓舞人心的运动员面对面交流。

我认识到，当枪声一响，我们都是按照同样的路线跑向终点，但我们每一个人却是按不同的轨迹来到起点的。路途中有时有各种各样的障碍，有时又一帆风顺。当我们和成千上万的人一起排队参赛的时候，会发现我们带着成千上万的不同的目标、期望和理由，所有这些都是生动、清晰和重要的。

在我年轻的时候，我设定的目标是创造个人纪录，甚至或许就是小赢几场。现在我已经 60 多岁了，仍然和当初一样满腔热情，但我现在的目标只是完成比赛并去感受能够持续前进的快乐。我有点儿像"猫王"埃尔维斯（Elvis）——我的速度和浓密的头发已经离开了这个身体，但是我的精神还在昂首前行。

现在，我已经不再关注赛事计时器，不在乎比赛时间的流逝。我会花时间去认识新朋友，欣赏风景。当然，我并不是一直都是这样，在过去的几十年里，我一直都在跟着时间奔跑，追逐着胜利和失败，直到时间不再值得追赶为止。

亚索
锦囊

跑者参赛的 12 个理由

　　站在赛道边线上的人们摇着头，抱怨着为什么要封路，他们可能永远不会明白为什么我们这么多人一到周末就会穿着跑鞋，如此兴高采烈地走向世界各地的起跑线。对于他们来说，理想中的生活就应该是睡个懒觉，在周末的早上一边慢慢喝着咖啡，一边读着报纸。

　　当然，不是所有跑步的人都会想着去参赛。但是我发现，在日历上写下赛事日程会产生很多好的结果。这些好结果不仅仅是那些可以衡量得到的，例如比赛成绩、个人纪录等，还包括很多无形的结果，比如提高了生活质量。

　　下面这些是我认为跑者应该参赛的主要原因：

　　　　1. **责任心。**每天坚持跑步是一种成就，每周跑一两天也算是一种成绩。拿出辛辛苦苦赚来的钱去报名参加某一场跑步比赛，这肯定会提升跑步在生活中的重要性和优先级。你也会变得更有责任心，会做足准备，从而在某个确定的日子里展现出最好的水准。这并不意味着你就得跑出自己的最好成绩，但是这能表示你自己已经承诺会去好好训练，至少你得能跑完全程吧。有时候，你只需要给自己设定一个最后期限，某场赛事自然就会影响到你的日常习惯。

2. **健康测试**。通常来说，比赛只不过是一把尺子，可以衡量我们的健康处于什么样的状态，需要如何改善。当你把号码布别在 T 恤上，和其他选手们一字排开准备开始比赛时，你很容易会给自己做一个最真实的检查，你不需要刻意在那里和别人做比较，因为你身边的人会帮助你更清楚地认识自己，这比你自己做一次测试有效得多。这不是一次或输或赢的测试，而是帮助你去发现你下一步需要怎么做。

3. **换个环境**。每位跑者每隔一段时间都会觉得遇到了瓶颈——训练变得被动，日常跑步也成了苦差事，开始觉得疲劳、厌烦。对于我来说，这个阶段最适合的就是去上网挖掘一些赛事，这样能找出一些新的挑战；还可以找一个一直想去又没什么理由去的城市参加一场比赛。仔细找找，你可以从世界各个角落找到赛事。去找一场赛事参加吧！这个比赛要能鼓舞你，让你兴奋，使你重新站到跑道上。

4. **收获友情**。我说过无数次，跑步给我带来的最好的礼物就是志同道合的人组成的全球社群，他们中的大多数人都是我在参加这么多场赛事时认识的。如果你希望自己在训练的同时找到一些同伴的话，那你最该去的地方就是赛场。你可以在赛场上和任何一个人随时展开一次对话，这一点儿也不尴尬。在起跑线上，所有跑者都有一种真正的"我们所有人都在一起"的心态。

5. **"大神"的鼓舞。**跑步这项运动最独特的一点是，不管是什么年龄、什么水平的人，都可以和专业运动员一起参加同一场比赛。相比之下，那些篮球联赛可怜的球迷们永远也没办法和斯蒂芬·库里（Steph Curry）在同一个场地打同一场比赛。但是我们作为普通跑者可以一直跑在沙兰·弗拉纳根（Shalane Flanagan）、德西蕾·林登（Desiree Linden）、梅布·凯夫莱齐吉（Meb Keflezighi）的后面。他们可能比我们早几个小时完成比赛，但我们可以一路追随着他们的脚步，这感觉真的很酷。

6. **灵感来源。**我离开赛场时总是带着敬畏之心，这么多人取得了那么多的成就，还有很多年纪较大的跑者在冲击他们的目标。同样，我们也能看到很多新面孔，他们中有些人是为了减掉几公斤体重；有些人是为了比以前跑得更远一点；还有一些人，他们身患癌症或者其他什么病症却也在跑着，他们的力量和决心超越极限，令人敬佩。如果你在找寻动力和灵感，赛道上无处不在。相信我，如果你能参加一次这样的比赛，肯定也会有一些感触的。

7. **变得更好。**我们中大多数人参赛都不是为了赢得奖金。但如果那是你的目标，我祝福你力量满

满，好运多多！赛场是一个让我们发挥最佳水
平、让我们跑得比以往更快的地方。你是在和时
间赛跑，是在和以前的自己赛跑。一场比赛可以
成为一个很大的转折点，让你产生自信，表明你
比你想象的更有能力。赛场也是一个能成就梦想
的地方，你可以站在终点线观察 15 分钟，看看
每个人是如何达到新的高度的。

8. **给予鼓励**。即使是在不顺心的时候，这些赛事
也会是一个让我们能帮助别人实现目标的地方。
如果你没有做到百分之百的满意，不要打盹儿，
清醒一下，去起点线，去帮助别人吧。帮某个朋
友领跑或者给周围的人加油，你会发现，鼓励别
人，让他们做到最好，也是非常令人满足的。

9. **支持善行**。现在很多比赛都向慈善组织捐款。
即使你不想刷新个人纪录，你还是可以去参赛，
去看看你的钱被用在哪些有益于社区的地方。

10. **长距离跑的辅助**。如果你在接受马拉松训练，
而且有很多长距离跑时，你可以参加某次比赛并
把它作为训练的一部分，这样可以让自己飞快地
完成当天的训练。例如，如果你的训练需要跑够
32 公里，你可以参加一次 10 公里比赛，并在比
赛之前或者之后完成此训练的其余里程。比赛的
部分距离可以用来作为节奏跑训练或者配速跑训
练。与此同时，你遇到了跑步的同伴，还能使用
补给站、厕所等设施。并且，你很有可能通过努

力得到一枚奖牌和一件参赛 T 恤，这些好事在你的某个日常周末晨跑里是不可能有的。

11. 有趣。对了，我是不是忘了说跑步应该是很有趣的？所有的赛事都想努力做到这一点。乐队、食物，还有终点线那边像节日一样的跑步庆典，现场气氛会让人情不自禁地就微笑起来。微笑是最完美且合法的兴奋剂，我们都应该多一些微笑。

12. 走出舒适区。参加一场比赛，设定一个又大又吓人的目标，可能会让你觉得不舒服，可能会使你因为紧张造成胃痉挛，甚至让你在比赛前期出现一些忧心忡忡的梦魇。但是当你直面恐惧，并且最终战胜它时，你会认识到你比想象中要更强大，你会觉得没有比这更美好的了。类似比赛过程这样的体验会贯穿在我们整个生命里，在职业生涯中，在关系处理时，以及在很多其他需要提升能力的时候，我们都应该意识到我们可以做得更好。每次冲过终点线，就意味着我们也打开了一扇充满各种可能性的门。

我的莱姆病 ① 第一次发作是在 1990 年。那时我刚刚完成康涅狄格州的环瓦拉莫格湖（lake Waramaug）80 公里跑。在病后那段时间，我从可以 6 小时 11 分钟内跑完 80 公里发展到连跑完 2 公里都非常困难。由于被误诊，在开始的很长一段时间里我都没有得到对症治疗。在服用

---

① 由扁虱等叮咬而出现麻疹、发烧等症状的一种传染性疾病。——译者注

了正确的抗生素后，我花了好几个月的时间才慢慢恢复日常跑步。43 岁时，我的状态达到了一个高峰，用了 2 小时 42 分钟跑完加利福尼亚国际马拉松。此后，我的健康一直维持稳定的状态，直到 1997 年我的莱姆病第二次发作。那是在去东非的旅途中，路过宾夕法尼亚州的时候，由于被蜱虫叮咬，我患上了严重的疾病。这一场大病几乎要了我的命。但是我坚持不懈地和疾病战斗，在经历很长的一段时间后，我终于恢复了健康，还赢得了大雾山(Smoky Mountain)马拉松比赛。2002 年，疾病第 3 次降临到我的头上，这一次在我治愈离开医院后，我的健康水平再也不复以往那种状态了。

我的身体能够承受的运动强度已大不如前，我接受了这一点。现在，我每周都只简单地跑几公里。我在跑圈里认识的人都鼓励我继续跑下去，虽然我跑得非常慢，但是我和这项运动的联系却更加密切了。

在这本书中，我们将会探索为什么要参加不同距离的比赛，以及如何针对不同距离的赛事展开训练；我们将一起探讨什么是我最享受的部分，以及在我所参加过的最独特、最珍贵的比赛中我有着什么样的期待。我邀请你们一起来体验我的个人经历，来看看这些比赛如何成为我跑步生涯的特殊组成部分。从所有比赛中我最喜欢的南非同志超级马拉松比赛开始，到弗吉尼亚州里士满（Richmond）的纪念碑大道（Monument Avenue）10 公里赛，再到《跑者世界》在宾夕法尼亚州伯利恒，也就是我家乡举办的半程马拉松，我学到了如何进行最好的准备以应对多变的地形、拥挤的人群以及各种各样的天气。在已经做好准备要挑战大目标的时候，可能会出现各种难以预料的状况，我也学会了应该如何去调整我的身体和心理来应对。

也许，你们能从我这里得到的最大收获，就是跑步带给你的，超乎你的想象。事实上，跑步让我实现了我想去任何地方的梦想。如果我可以做到，任何人都可以做到。去参加一场马拉松比赛吧，或者参加一场家乡的夏季 5 公里系列赛或者 10 公里赛，或者试着完成一场超级马拉松赛事，或者组织一个队伍参加一场接力赛……跑步的世界里有很多的选择，适合任何年龄段、各种能力水平。最困难的反而是如何从这么多选项里做出一个决定。

比赛定义了我们的跑步运动生活，提供开始日期和结束日期，衡量着我们的进步，并给了我们庆祝的理由。参赛让我们有机会学习怎样做准备，以及如何实施。对于我来说，参赛最有意义的地方在于有机会游历世界各地，并且感受不同文化，这些我都不想错过。

我的生活被我周末在世界各地的起跑线上的旅行所塑造和框定。但是，在到达终点线前那一路上无数的经历和奇遇使它得到了扩充，变得斑斓多彩。我希望每个跑者都能有这样的感受。我相信，不管你的愿望是什么，参赛会让我们体验规律的生活，获得珍贵的友情，以及感受到跑步运动带来的成就感。

当我以《跑者世界》首席跑步官的身份参赛时，我一直希望能够像多年前乔治激励我那样去激励别人：不管你的理由是什么，你一定可以完成任何比赛。

RACE EVERYTHING

01
亚索的训练原则

HOW TO
CONQUER ANY
RACE AT
ANY
DISTANCE IN
ANY ENVIRONMENT
AND
HAVE FUN
DOING IT

RACE EVERYTHING

　　不管你的目标是什么，不管你的水平如何，只要是参赛，你就需要做好准备。当我第一次对比赛目标有些想法的时候，我买了一本吉姆·菲克斯（Jim Fixx）写的《跑步大全》（*The Complete Book of Running*）。这本书是我的跑步圣经，在训练时出现任何问题我都会首先在这本书中找答案。在人们说的第一次跑步热潮那个时候，这本书非常偶然地出现在我面前，这真是我的幸运。在我不断深入研究跑步这项运动的过程中，像许多20世纪80年代的跑友一样，我总是会不自觉地去翻这本书。这是那个年代最流行的一本跑步手册，谁能不记得那个封面呢？满眼是肌肉发达的大腿，用优美的形态呈现出完美的角度。对了，你们还记得那条鲜艳的红短裤吧？

　　随着参赛的经验越来越多，我意识到需要更加个性化的建议了。在这个时候，我遇到了巴德·科茨（Budd Cottes）[1]，他的马拉松个人最好成绩是2小时13分钟，他参加过4次奥运会选拔赛，是罗代尔公司（Rodale Inc.）[2]主管健身和健康的总监。他指导我进行坡道训练和跑道练习，还教会了我怎样过一个跑者的生活。在这个领域他是大师，我模

---

[1] 巴德·科茨的著作《跑步时该如何呼吸》中文简体字版已由湛庐文化策划、浙江人民出版社出版。——编者注

[2] 罗代尔公司是《跑者世界》的母公司，位于宾夕法尼亚州的以马忤斯。

仿他，想和他一样。他告诉我，仅仅靠累积跑量永远不可能让我跑得更快，我还需要注意营养、睡眠时间、力量训练和柔韧性训练等。受他教导，我安排了很多跑步之外的配套训练，这对我成为一个成功的跑者产生了深远影响。巴德和安比·伯富特 [1] 在我的跑步生涯中都起到了非常重要的作用。安比·伯富特是《跑者世界》的前主编，也是 1968 年波士顿马拉松冠军。

1987 年，我被《跑者世界》聘为赛事活动联络官，我的工作是代表杂志与全国各种赛事的主管们建立稳固的关系。我到处旅行，参加各种赛事和无数展览。我的职责还包括尽可能多地与跑者们建立联系。在这期间，我和他们的谈话越来越多地涉及与训练和比赛有关的问题，以及一切你能想到的或是想不到的问题。而且，问这些问题的人远不止一两个！我和他们交谈得越多，就有越多的人把我看作是一个专家，一个面向大众的跑步教练。我回到家乡时，当地的理海谷（Lehigh Valley）路跑团的跑友们也让我给他们做训练计划，还让我教他们在训练中如何使用跑表。

通过不断地尝试、犯错，以及大量的观察研究，我渐渐意识到成功的训练是一个高度个性化的努力过程，对某个跑友有用的计划对另一个人可能就没用。我们每个来跑步的人都有着不同的目标、DNA、身体素质，以及不同的动机。一个好的训练计划不仅要考虑到这些，还要考虑其他的生活环境因素，比如工作要求和家庭责任，以及其他一些需要注意的地方。我们每个人的时间、精力都是有限的，都需要自己决定

---

[1] 安比·伯富特、巴特·亚索等合著的《马拉松训练宝典》中文简体字版已由湛庐文化策划、浙江人民出版社出版。——编者注

花多少时间和精力在跑步上。

训练这件事，可以很简单，也可以很复杂，这要看我们自己有什么样的期望。训练内容取决于我们的经验和比赛目标，包括力量训练、核心肌群训练、柔韧性训练和交叉训练等。一个训练计划中，可以包含的培训元素可以说没有什么上限。然而，一些最基本的训练原则可以经得起时间检验，可以适用于几乎所有跑者，可以按照个性化需求的方式来执行，这些才是最关键的。

结合我自己几十年的跑步经验，还有我收集到的各类跑者的反馈，以及我有幸从像巴德和安比这样的"大神"们身上学到的知识，我们可以得出一个结论：不管参加多长距离的比赛，都要考虑以下 6 大关键要素。

安全增加跑量

想要成为更厉害的跑者？那你只能多跑步。这是个基本逻辑。然而，累积跑量可没有说起来这么容易。如果你做得正确，久而久之，你就能逐渐增加每周的跑步里程。如果你跑得太多太快又没有跑休，就会让自己陷入麻烦：你会有受伤、生病和倦怠的风险。在你还没真正准备好之前就开始累积跑量是很困难的，你没办法承受长时间跑步的压力。

跑量累积的方式有很多种，我自己主要是靠每周几天的轻松跑。最重要的是，轻松跑的时候保持一个舒服的配速。只要做得正确，你可以一边跑一边和朋友们聊天。就算是世界上最好的跑者，他们也会很认真地进行轻松跑训练。如果他们在轻松跑训练里强度过大的话，就没有办法在速度训练中跑出他们本可以达到的速度。这个道理对我们同样适用，轻松跑既能锻炼我们的有氧供能系统，也能增强我们的肌肉力量。

增加跑量相当重要，很快你就会看到进步，但是请一定注意安全地执行。一个流传很久的经验法则是这样的：以每周你可以轻松完成的跑量为基准，然后下一周的跑量增加不超过 10%。然而，有时明智的做法是连续两周跑同样的量，这样才能确保你已经适应了新增加的跑量而不会让自己受伤。想要增加周跑量的话，你可以每周增加跑步天数，也可以延长每次轻松跑的时间。

跑量的确定也取决于你想要参加的目标比赛的距离，我们后面几章会讲到更多细节。距离越长就需要越多的跑量，距离越短就越需要把重点放在跑步训练的质量上。这就意味着可以减少一些跑量，但可能需要用更快的配速去完成这些跑量，这样才能备战那些比赛距离更短但速度要求更高的赛事。如果你只想着跑完一个比赛就好，不在乎多长时间，那你跑少点儿也没关系。

长距离跑取决于备战的赛事和个人能力

我们大多数人都习惯周末进行一次长距离跑，这能帮助我们提升耐力和力量，还可以用来练习目标赛事的比赛配速。那么，这个长距离多长合适呢？这决定于你备战的赛事以及你个人的能力水平。不管你的目标赛事是 5 公里跑还是一个超级马拉松，这些长距离跑都是训练计划中非常重要的一部分。

一些跑者会用分钟而不是用公里来衡量长距离跑训练。这是因为大家的策略不同，他们更看重的是双脚在训练时跑过的时间，而不是跑过的距离。如果你是一个新手，或者你参加的赛事属于超长距离，超过 42 公里，那么，这不失为一个进行长距离跑步训练的好办法。尽管这个方法可能对不少人有用，但对我而言没有什么效果。相比之下，成功跑完 32 公里比成功跑完 3 小时会让我在比赛之日更自信。我很享受轻松的长距离跑，平时我的配速较比赛要保持的配速每公里慢 37 秒。我们把这种训练简称为 LSD，全称就是长距离慢跑（Long, Slow Distance）。

有些跑者喜欢把一段长距离分成几段，然后用不同的配速来跑。如果你比较有经验的话，这确实是一个很好的方法。在一场全程马拉松的备战训练中，一段 24 公里的长距离跑可以这么来设定：先轻松跑 6 公里，再快跑 6 公里，然后按着这个顺序再来一趟。如果你是为距离短一些的赛事做训练准备，那么在长距离跑中加入些递增的速度练习就是个很不错的方法：从轻松跑开始，然后渐渐越跑越快，最后 2~3 公里跑出你比赛时会用到的速度。

速度训练是提高能力的好方法

训练计划多指那种每周做 1~2 次需要一定速度的练习，可以在跑道上、公路上、山丘上或者小径上进行。对于速度训练来说，最棒之处就是选择和形式很多，你永远不会觉得无聊。速度训练带来的好处和你可以选择的种类一样多，正是速度跑练习让我们变得越来越健壮，跑得也越来越快。这种训练带给身体的压力完全不同于我们之前说的轻松跑，这种训练可以让我们知道如何调整配速，某种程度上也教会我们如何应对身体上的不适，这也是提高能力的一种有效方法。当你能够在更短的时间间隔内跑出更快的速度时 [1]，最终你的轻松跑速度和比赛速度都会提升。如果你的目标是减掉一些体重的话，那么间歇训练的减重效果是非常明显的。

> **跑坡：** 我最喜欢的训练之一是重复跑坡训练。我住在宾夕法尼亚东部的山区，我喜欢先跑一段山路，然后找一个斜坡来回跑。如果跑步姿势不对，几乎都不可能跑上山坡。上坡的时候，你会自然而然地抬高膝盖，向前晃动手臂，并且还会迫使自己加快步频，调整步幅。不管是长的山坡还是短的山坡，是陡的山坡还是缓的山坡，跑坡训练都能不同程度地增强肌肉力量，也能帮助你适应不同的地形和不同的比赛距离。
>
> 有些比赛，例如波士顿马拉松，需要跑者进

---

[1] 这里指的是间歇跑，即几组快速跑之间用慢跑或步行作为间歇组间的缓冲恢复，组间恢复的时间越短，对身体的压力越大。——译者注

行下坡跑练习来增强股四头肌，因为在前半程比赛中股四头肌会需要承受更多的负荷量。下坡跑练习会帮助我们学习如何避免后倾、跨步、刹车等问题，这些都属于不良跑姿，在后面的章节里我们会有更多的关于下坡跑练习的讨论。你需要练习的是从脚踝处稍微前倾，让重力发挥作用。我喜欢想象跳台滑雪的样子，能让我自己对如何进行下坡跑有一个视觉上的提示。

我有一个对上坡和下坡都适用的简单秘诀：鼻子超过脚趾。如果你的鼻子没有在脚趾的前面，那么很可能你跨步过度了。

跨步跑（Strides）： 跨步跑是一种简单的提高速度的训练，每周完成几次少量的跨步跑就好。对于初学者来说，在跑道上进行枯燥的跑步训练时，增加一点儿跨步跑会使人觉得更轻松一些。跨步跑不需要用你最快的速度，只需以你最快速度的85%~90% 的速度来跑 4~6 组，每组持续 15~20 秒的时间，组间用短距离轻松跑来放松，以便彻底恢复。每周进行 2~3 次跨步跑训练，可以帮助唤醒快肌纤维，提高双腿转换频率。最好是找一块平地进行训练，例如停车场或草地。

法特莱克训练（Fartlek）： 这虽然是一个古老的训练方法，但是很管用。对于缺少经验的人来说，法特莱克可不是什么中学食堂里聊天的话题。它起源于瑞典语，是速度游戏的意思。你不需要找特定的地形来进行法特莱克训练，在公路、山路、操场跑道，甚至跑步机上都可以进行，你所要做的就是交替进行高强度跑和轻松跑。例如先轻松跑 2~3 公里之后，接下来 20 分钟可以跑 1 分钟 "on" 再跑 1 分钟"off"。"on"指的是高强度跑或者快速跑，"off"指的是轻松跑，如此交替循环。在日常训练里加入法特莱克训练，能逐渐提高有氧能力，最终可以用更小的消耗在更长的时间里保持更快的速度。

跑道训练：对于某些跑者来说，跑道是一个充满恐惧和焦虑的地方。人们很容易回想起以前上体育课时的计时跑的可怕场景，眼前也很容易浮现那些世界顶级运动员们到达终点线时弯腰驼背、气喘吁吁的场景。在跑道上的速度训练要求很高，但这些训练都要根据你的能力水平来进行，所以没必要那么害怕。跑道训练对于学习和练习精准的配速很有用，因为训练一直都在精确测量过的 400 米椭圆形平面上进行，所以一切变得很简单。我最喜欢的跑道训练就是"亚索 800"，但是跑道训练的基本前提和法特莱克训练有点相似，也是分为几组，也是先高强度或者快速跑，组间间隔用来恢复。恢复时可以走，也可以慢跑。具体间隔恢复的长度，以及快跑时用什么样的配速，要根据你的赛事类别、自身能力水平，以及训练目标来定。比较容易开始的方式是先在直道上快速跑，到弯道时转为慢跑。以此类推，你可以在跑道上制定多种不同的间隔跑训练方式。

节奏跑（Tempo runs）：跑者们经常把节奏跑叫作"舒服的痛苦"（comfortably hard），这听起来很矛盾，一件痛苦的事情怎么能舒服呢？事实上节奏跑的配速不会让人觉得舒服，这是一个不轻松的速度，同时你还得坚持跑上很长一段距离。对于大多数人来说，一个简单的衡量节奏跑配速的方法就是，你只能用这个配速坚持跑一个小时。尤其是对参加半程马拉松或者全程马拉松比赛的人来说，这种训练尤为重要。在每周的日常训练中增加节奏跑练习，可以帮助身体更有效地分解乳酸，延缓双腿疲劳的时间点，以及提升你的乳酸阈（lactate threshold）[1]。

　　有很多种节奏跑的练习方式，而让你的起步变得最简单的方法就是先找出你的乳酸门槛配速。你不需要去实验室检测，也不需要找地方去验血，你只需要拿最近 5 公里或者 10 公里比赛的成绩来做参考，在平均配速的基础上每公里加上 6~12 秒即可。或者你可以用运动强度感知测量法来判断，第 10 级是强度最大的，那你就可以用第 8 级左右的强

---

[1] 也称乳酸门槛。——译者注

度来跑。一个可靠的训练计划是先轻松跑 15~20 分钟，再用门槛配速跑 20 分钟，然后接着 15 分钟恢复跑。

有经验的跑者可以在这种训练中用门槛配速跑出更长距离，从而获得最大的效益和结果。有一些半程马拉松跑者可以用门槛配速跑出 12 公里的长距离，有一些全程马拉松跑者甚至可以用门槛配速跑到 20 公里。你也可以尝试两组 30 分钟的配速，或者两组 1 小时的全程马拉松配速。

亚索
锦囊　　"亚索 800"训练法

　　我在跑圈有些影响力，也许主要是因为我的"亚索 800"训练法。

　　回到 1981 年，那时我的目标是在全程马拉松中跑出 2 小时 50 分钟的成绩，这样我才能有资格参加波士顿马拉松。当时我一直在做详细的训练日志，直到 3 年后的某一天，我重新查阅早前训练周期的记录，发现了速度训练中的一些规律，就是我跑 10×800 米的平均时间和我的马拉松完赛时间相当。例如，如果我跑 10×800 米训练时，每组 800 米间歇跑平均花了 2 分 40 秒，组间 400 米慢跑，那么其后那次马拉松完赛成绩就会是 2 小时 40 分左右。这样的数据在我的马拉松比赛中出现了很多次。

　　请相信，我从不认为自己破解了某些神奇的马拉松跑步密码，我只是找到了一个适合自己的训练方法而已。直到 1993 年，我把这个发现分享给了安比·伯富特，他当时是《跑者世界》的主编。我们在参加波特兰马拉松（Portland Marathon）的时候住在一块儿，当时我正在备战美国海军陆战队马拉松（Marine Corps Marathon）。安比问我当年有什么计划和目标，我回答说我可能会跑出 2 小时 47 分钟的成绩，并且给他解释了为什么我的目标会这么具体。我给安比看了我所有 800 米间歇跑的训练记录，这引起了他强烈的好奇心。

经过很多实验和数据分析，直到今天也没有人能够解释这种偶然的方法为什么对这么多人都有效。安比对这个训练方法也深信不疑，1994 年 10 月他还在杂志上专门介绍了这个方法。你知道他怎么称呼这个方法吗？当时我根本没想到他竟然将这种训练方法命名为"亚索 800"。

在有了这个以我的名字命名的训练方法之后，我得到了很多宝贵的反馈，很多人因为采用这个方法获得成功而对我表示感谢，但我也知道有些人尝试过却没有什么效果。每天我都在社交媒体上看见有人骂我，这对我来说也没什么。"亚索 800"并不适用于所有的马拉松比赛环境，比如说赛道是山地，或者天气是桑拿天，或者有大风……"亚索 800"可不知道这些情况。但是跑者们应该知道，并且应该进行适当调整。

"亚索 800"最有用的地方在于能衡量你的身体状况。如果你在参赛前 5 周开始跑 10×800 米，800 米的配速参考目标成绩，组间 400 米慢跑，只要你觉得这样的间歇强度跑起来感觉不错，那么我敢说你将会以一个很好的状态参赛。

休息和恢复是取得好成绩的关键

在训练中最容易被忽视和执行不力的部分，就是休息和恢复。我坚信，休息对于能否取得好成绩起着至关重要的作用。在你完成所有的训练后，身体需要时间来调整并适应你的新要求。许多教练把这称之为先张后驰（stress, then rest）。只有你的身体得到充分恢复，之前训练给肌肉带来的损伤才会得到修复，从而重新塑造免疫和内分泌系统。这样才能获得你一直期待的强健体魄。身体只有经过适当的修复之后才会准备好接受更多的挑战。

那些没有得到足够恢复的跑者，通常是那些受伤和得病最多的人。他们身心疲惫，训练计划执行得支离破碎。

适当恢复有很多种形式。在强度较大的训练期间，恢复包括：每晚足够的睡眠，确保饮食有营养且充足，补充足够的水分。我建议每周至少跑休一天，可以骑自行车作为交叉训练，还可以使用椭圆机或者游泳。当然，如果你正在为一场比赛做备战训练，那么你可以选择完全休息一天。如果你选择用不同的项目进行交叉训练，我建议你将强度保持在低水平，让自己享受温和点的运动和良好的血液循环带给自己的好处，而不是给自己的身体加压。有些人把这个称之为主动恢复（active recovery）。

长期训练下来，你要学会聆听身体发出的信号，正常的训练疲劳和过度的训练疲劳是不一样的，正常的疲劳没有什么好担心的，但是过度训练就是一个永远跳不出来的大坑。下面这些身体信号表明你应该额外休息一天：

- ▶ 静息心率升高
- ▶ 食欲减退
- ▶ 尽管很累但还是睡不好觉
- ▶ 脾气暴躁或无缘无故地情绪化
- ▶ 觉得训练难以持续

最成功的跑者是那些多年坚持进行训练的人，能做到这一点的唯一途径是确保你可以得到有计划的休息，而不是因为伤痛或疾病不得不休息。我提倡跑者一年至少要休息两段时间，每段时间持续 10~14 天。在某次重要的目标赛事结束之后也要休息一下，让你的身体从前期的全力付出中得到恢复，同时也可以让精神舒缓轻松一下。这既是一种生理需要，也是一种心理需要。我们追求的是享受跑步，但是如果训练过度，这个目标就很难实现。因为要承担家庭和工作的责任，你在某个时间段可能会异常忙碌，这个时候也需要减少训练、多休息。

不要等到受伤才开始交叉训练

我比其他跑者更喜欢交叉训练，我认为在训练时间表里加入交叉训练的内容是很好的，关键是不要过度。我们当然是为参加跑步比赛而进行训练，所以花太长时间在椭圆机上是不会帮助我们达到目标的。不过，在跑休日花 30 分钟或者 1 个小时去做一些没什么压力的运动，可以帮助我们消耗一些卡路里，也可以促进恢复中的肌肉更好地进行血液循环。

很多人向我咨询关于交叉训练的建议，我都告诉他们不要等到受伤了才开始交叉训练。我进行交叉训练就是为了避免受伤。如果我每周都跑满 7 天，我会受伤的。但是除了跑步以外，我还可以通过骑行或者进行椭圆机训练以保持良好的健康状态。许多精英跑者不会每天跑两次，他们会用其他的运动来代替其中一次跑步，比如游泳。这样会减少受伤的概率，但是仍然可以得到有氧运动带来的益处。

最好的交叉训练活动是你喜欢并且渴望去做的。深水跑、骑行、远足或者游泳等都是有好处的，关键是要坚持。我推荐一周做两次交叉训练，在跑休期间甚至可以多做几次。

亚索锦囊 **成为多项全能选手**

在我的运动生涯中，并不是只会跑步。我人生经历过的那些最有挑战性的冒险中，有几次就是出于对骑行的热爱，例如我的两次环美骑行。

20 世纪 80 年代中期，我看到有铁人两项运动，也就是将骑行和跑步综合起来的一项赛事。我发现我很享受这种运动，仅 1986 年我就先后报名参加了近 20 场比赛。1987 年，我赢得了美国冬季两项运动协会举办的长距离比赛冠军。这项赛事先是 9.6 公里的长跑，然后骑行 72 公里，最后是 9.6 公里的长跑。率先冲过终点线的感觉真是好极了，对我来说这是一个极美好的回忆。非常荣幸的是，《体育画报》（*Sports Illustrated*）在那次赛后还专门为我写了一篇报道。

在我第一次进行环美骑行的时候，要从阿伦顿机场出发先飞到西雅图，然后一路骑行到新泽西州的阿斯伯里帕克市（Asbury Park）。一路下来历时 20 天，没有后勤团队，一切都靠自己完成。我非常喜欢这种骑行，两年后又骑了一趟。

尽管我最爱的运动一直都是跑步，但是参加其他运动项目和其他活动能延续我的运动活力。这些运动不仅能帮助我保持身体健康强壮，也能充实我的精神世界。我永远也不会用这一路上碰到的人、遇到的故事来做其他任何交易。我常常想起那些 4 800 公里的独自旅行，有我和我的自行车，还有一路上的美景。

辅助训练能让你跑得更远

还有一些运动可以作为训练的补充，很多人称之为辅助训练。但需要强调的是，它们应该是为参赛做准备而必须进行的训练项目。柔韧性、核心力量和一些综合力量的训练，能够帮助你免于受伤，也有助于提升整体的跑步表现。

我每周去两次健身房，主要目的是加强力量和柔韧性训练，我做的所有健身项目都包括这两个要素。核心力量尤为重要，它保证你即使疲劳了也能保持正确的跑姿，同时还可以帮助你呼吸顺畅。正因为我去健身房做过这些训练，所以即使我开始觉得疲劳了，也还是可以继续维持配速。

我也相信，正是因为这些柔韧性和综合力量的训练让我保持健康。

除了莱姆病，我几乎没有受过其他什么伤病的困扰。力量练习中，我不会举得太重，而是会选择较轻的重量并增加练习次数。

能找到一个适合自己的常规训练方法真是太好了。有太多的选择可以将这些活动以你喜欢的方式加到日常训练计划中。瑜伽是很好的跑步辅助训练，当然，你还可以做一些自重练习，它不会花费你太多时间，甚至在家里就能完成。增加一些针对小肌肉群和韧带的日常锻炼对跑步和身体的平衡会很有好处，如平板支撑、弓步蹲、深蹲，这些都有利于你跑得更好且更久，我将在后面的章节中详细介绍。

RACE EVERYTHING

RACE EVERYTHING

02
5 公里训练
及比赛

HOW TO
CONQUER ANY
RACE AT
ANY
DISTANCE IN
ANY ENVIRONMENT
AND
HAVE FUN
DOING IT

20 世纪 80 年代初，当我开始参加长跑比赛的时候，5 公里赛还不像现在这么普遍，当时 10 公里赛更受路跑选手们欢迎。随着跑步变得越来越流行，它不再只是一个运动项目，更是一种健身活动，5 公里赛也开始成为主流。现在在美国，不论什么季节，你都能在任一社区报名参加 5 公里赛。事实上，根据美国跑步协会（Running USA）的统计数据，5 公里赛在美国已经成为参与度最高的赛事，参与该赛事的跑者差不多占到全年参赛的所有跑者的 45%。

为什么大家这么热衷于参加 5 公里赛呢？因为对于刚跑步的人来说，选择从 5 公里开始还是比较合适的，这个距离不算太短，完成之后能有一定的成就感；这个距离也不算太长，不会让人觉得无法完成。5 公里赛没什么门槛，选择也很多，全年有超过 16 000 场赛事。你不需要为了参赛去太远的城市，也不需要提前做计划，你只要觉得身体舒适，就能就近参加一场 5 公里赛事。如果感觉身体不舒服，那就再等一周，参加不远处的另一场赛事就好。5 公里赛不像马拉松，如果错过了就得等上好几个月才会有下一场。对于很多希望成绩更好的资深跑者来说，5 公里赛也是一个很理想的、可以同时对速度与力量进行极限测试的赛事。

5 公里经典赛事

　　我对 5 公里赛最早的记忆之一，是在伯利恒（Bethlehem）附近的一场本地赛事上，我与巴德·科茨，马克·威尔 – 韦伯（Mark Will-Webber）一起排队。马克是当时《跑者世界》的高级编辑，他和巴德一样，都是相当不错的跑者，拥有很好的成绩，很多项目都比我的成绩要好，非常令人钦佩。我对于这次比赛本身没有太多印象，只记得那会儿有伤，还引起了肺部剧痛。但我最不能忘记的是在起跑线上排队的时候，赛事总监过来给了我很多认可和赞扬。当时我刚刚参加完恶水超级马拉松赛，那时赛程是 233.6 公里，现在改成了 216 公里。我穿越了死亡谷 ①，来到惠特尼山，完成了"世界上最艰难的赛事"。在回家的路上我到了理海谷。在那里，我因为完成了这个赛事收到了很多令我吃惊的赞誉。事实上，我还得了一个新外号——恶水巴特（Badwater Bart）。回到我参加那个 5 公里赛的事，当时我和真正的"大神"马克还有巴德一起比赛，可是赛事总监在鸣枪前唯一向大家介绍的人却是我。我当时就在想，以后真得多参加这样的 5 公里赛。

5 公里"光猪跑"

　　在我长长的人生旅途中，上面这个 5 公里赛事当然并不是我最为人所知的一场比赛。1997 年，我还参加了一次著名的"光猪跑"募捐活动（Bare Buns Fun Run），这是在华盛顿州卡尼克苏农场（Kaniksu Ranch）的一个家庭式裸体度假胜地举办的。我被邀请参加这个裸体活

---

① 位于美国加利福尼亚州东部和内华达州南部的干热沙漠盆地，为北美洲海拔最低、气候最干旱的地区之一。——译者注

动，并作为意大利面晚宴的嘉宾发言。我站在满屋子的跑者面前，一丝
不挂，像往常一样给他们打气。平时，如果我觉得紧张，就会想象下面
的听众没有穿衣服。可这一次，下面的听众真的没有穿衣服，我不知道
在这种场合下该如何是好。

整个周末，包括第二天早上的 5 公里跑，我都是光溜溜的，连比
赛号码布都是用胶带贴在胳膊上的。裸跑听起来有点儿怪怪的，但是确
实挺舒服，有一种完全释放自我的感觉。即使是补给站的志愿者们也没
有穿裤子，只穿了件橙色马甲。绝大多数跑者唯一被覆盖的身体部位是
脚——总得穿双跑鞋吧！谢天谢地，总算能穿双鞋子来参加这场几乎人
人都没有穿衣服的比赛。

在这样的地方很难集中注意力，在比赛快结束的时候，一名跑者追
上了我，这激起了我的好胜心，我全速向终点冲刺，赢得了大师组比赛
的冠军。搞笑的是，我在终点居然领到了一件完赛衫，上面写着：我参
加了"光猪跑"，玩得很开心。

从那以后，我就再没有参加过这种 5 公里的"光猪跑"了。我想
说的是，5 公里比赛可以有很多形式，能满足人们不同的需要。比如你
想支持慈善事业，或是感受竞赛氛围，或是追求个人纪录，抑或是想尝
试一下古怪点的"甜甜圈短跑"（Donut Dash）。那么 5 公里赛完全可
以被设计成能满足各种需求的赛事。

　　"光猪跑"现在是该地区排在"布鲁姆日（Bloomsday）"①之后的第二大古老赛事。"布鲁姆日"是一个在华盛顿斯波坎市（Spokane）举办的12公里赛，每年5月举行，吸引了超过42 000名参赛者。"光猪跑"每次就300多人参加，不过围观的人可远远不止这个数。

"卡尔斯巴德5000"

　　闻名世界的"卡尔斯巴德5000"是我这辈子最爱的5公里赛之一，这项赛事在加利福尼亚的卡尔斯巴德举行。所有跑者都会和他们同年龄组的人同场竞技，还会分男子组和女子组。比赛时间通常是在3月底或者4月初，气氛无与伦比，堪称一场海边5公里比赛盛事。如果这里排第二，那就没有第一了。

　　通常情况下，如果你带上家人或朋友一起去参赛，你就没法看到彼此比赛的情景，而在卡尔斯巴德则大有机会为彼此加油喝彩。比赛那天最先开始的是男子大师赛，大约一个多小时之后是女子大师赛，然后是29岁及以下的男女混合赛，再过一个半小时之后是30~39岁之间的男女混合赛。在轮椅选手比赛结束后就可以好好欣赏精英赛了。观看精英赛会让人很激动，比赛吸引了很多世界上5公里成绩最好的选手。在这个赛事的前31届中，就创造了16项世界纪录。

　　早年，史蒂夫·斯科特（Steve Scott）包揽了男子职业赛事的冠军，他曾经3次打破美国1英里比赛纪录，并在1983年获得了世界锦标赛

---

① 6月16日是一年一度"布鲁姆日"，为纪念20世纪爱尔兰小说家詹姆斯·乔伊斯巨著《尤利西斯》而产生，这一天是《尤利西斯》的主人公奥波德·布鲁姆在爱尔兰街头游荡的日子。——译者注

1 500 米赛跑的银牌。从参加 1986 年首届卡尔斯巴德比赛开始，史蒂夫连续赢得 3 届比赛冠军。之后，我见证了来自肯尼亚的萨米·基普凯特（Sammy Kipketer）又接着连续获得 3 年冠军。在 2000 年和 2001 年的比赛中，他都跑进了 13 分钟，分别以 12 分 59 秒 5 和 12 分 59 秒 6 的成绩夺得了冠军，创造了该赛事的纪录，此后这个赛事也变成了精英赛。来自埃塞俄比亚的梅塞雷特·德法尔（Meseret Defar）以 14 分 46 秒的成绩在 2006 年最早的女子比赛中赢得了冠军。

　　职业运动员们不是参加卡尔斯巴德比赛的唯一人群，对于非职业选手来说，这个赛事也是一个可以创造个人纪录的好地方。不仅仅因为整个赛道地形平整，观看这个赛事的观众也是相当友好，能让你情不自禁地吸收着他们的激情。1990—2000 年间，我参加过这个赛事好几次。我参加的是男子 40 岁及以上年龄组，这里可以看到 69 岁以上的人们仅花了 5 分 10 秒就跑过第 1 英里 [①]。在这个赛场上我经常被一些非常有天分的人折服。当然，这个赛事欢迎任何水平的人参加。在 2000 年，为了我正在进行的马拉松训练，我参加了这场 5 公里比赛，在比赛开始前我先跑了 27 公里，最后仍然取得了 17 分 18 秒的成绩。这是一个很有趣、很不错的训练方法：先跑一个长距离，然后接着增加一种后段加速。任何一场 5 公里赛都可以这样操作。

"卡尔斯巴德 5000" 参赛贴士

　　这个 5 公里赛场场地非常平整，几乎没有什么起伏，只是在到达终点前有一段下坡。跑者们大部分时间都在沿着太平洋岸边跑，所以可

---

① 相当于每公里 3 分 12 秒的配速。——译者注

能会有一点儿微风，让人觉得很提神。

1. **留足时间找车位**。在卡尔斯巴德停车可能会比较麻烦，记得要留足够时间去找车位，这样才有时间完成赛前准备。

2. **注意两个折返点**。赛场有两个值得注意的折返点，会让很多人速度大幅下降。请在赛前就想好通过这两个折返点的对策：你是会沿着长边跑弧线，还是抄近道跑锐角切线？如果你想追求个人最好成绩，请在赛前做几次类似场景的训练，比如在停车场放几个圆桶模拟路况，然后全速跑过，这样可以为比赛日过折返点时做充分的训练准备。

3. **提前找好观赛位置**。到了比赛那天，终点附近最佳观赛点很快就会被人挤满。如果你想给朋友们加油，或者想观看精英们的比赛，最好提前做一下安排，能让你在完赛之后迅速找到一个好的观赛位置。

4. **确认起跑区域**。和其他大型赛事一样，确保你排在适合自己目标配速的起跑区域，如果你被很多跑得比你慢的人挡住了，你将很难在第1公里超过他们；相反，如果你排在跑得比你快的那群人那里，那么他们的配速极可能会扰乱你的比赛策略。

5. **不要被他人影响配速**。第1公里可以非常快，确保你跑的是自己的配速，不要被因为肾上腺素升高而异常兴奋的人们所影响。在 5 公里比赛中，如果第 1 公里跑砸了，剩下几公里就会很惨。为了既定的目标成绩，你当然不想浪费任何时间，但要注意速度一定要在控制范围内，不要太早提速。

5 公里备赛训练

5 公里赛会同时考验人的速度和有氧能力，做这种距离的训练不会让你觉得无聊，你可以围绕多种生理系统来进行训练，也可以设定一定的距离。不过，训练重点当然是要提高跑步的质量。花一些时间准备 5 公里跑可以自然而然地全面提升速度，尤其是对于那些更专注于里程数而不注意高质量训练计划的人来说更有用。从逻辑上来说也很简单，如果你想在更长的距离中跑得更快，你必须在更短的距离上跑得更快。

对跑步新手而言，以 5 公里作为第一个参加的赛事并进行针对性的训练，会有很多收获，也会自然而然地提高耐力和力量。研究表明，在累积了一定的跑量之后，再增加间歇跑可以更快地消耗卡路里并减轻体重。如果你想让身体更强健的同时又能减轻体重，这应该算是个好消息吧。

下面我提供了一些 5 公里赛备战训练计划的范例，但请记住，不是所有的跑者都适用于同一个训练计划。通过一些尝试，也许会犯一点儿小错误，但这样你就能弄清楚如何根据自己的情况以及每个人不同的成绩和目标，对这个训练计划进行相应的调整。

亚索
锦囊

亚索最爱的5公里训练

我最喜欢的跑道训练是20×400米训练，组间200米恢复慢跑。一般来说，我都是靠自己的感觉来跑，而不是基于5公里的目标速度。注意：新手不适用这样训练。

记得那时，我们还没有跑表来记录分段数据。你有没有试过在缺氧状态下靠默默计数来完成20组间歇训练？我们可没有那样，而是在起跑线那儿把20块小石头在地上放成一排，每跑一组经过这里的时候，就踢飞一个小石头。这样你就会看到小石头逐渐在减少。当然，有时候也害怕朋友们会趁着你不注意又把石头放回去，这样你就不得不比计划多跑几组，那可就不太好了。我非常喜爱现在的科技，因为再不会有人给我的训练添乱了。

回到现在的话题。很多跑者喜欢在训练时严格按计划执行，其实大可不必要求得这么精准。激发你潜在的可能性有更多好处，设定一个配速目标则很有可能限制了你的潜能。也许你可以跑得更好更快，但你自己并不知道呢？所以说，严格遵照手表上的计划有时候会成为前进的阻力。

通过20×400米训练，你可以很快就知道是否能在5公里赛中坚持跑下去的目标配速了。如果你还不是很确定，但跑完第20组的时候你已经精疲力竭了，这就表示你的速度太快。你需要找到那种还可以再跑一次的感觉。只有通过不停地训练才会变得越来越有经验。

　　在为期 10 周的备赛周期中可以多做几次这种训练，这只不过是速度训练课表众多选择之一。如果你特别想看数据，那就在赛前最后一周做这个训练的时候戴上手表吧。这样当你站在起跑线上的时候，你就会预期到比赛的结果了。

　　别忘记跑前热身和跑后恢复，我喜欢在训练前后都慢跑15~20 分钟。

新手 5 公里训练计划

　　赛前 10 周开始训练，适用于可以慢跑完 3 公里的跑者。

	星期一	星期二	星期三	星期四	星期五	星期六	星期日
第1周	3.2 公里轻松跑	休息	3.2 公里轻松跑	休息	交叉训练30 分钟	4.8 公里轻松跑	休息
第2周	3.2 公里轻松跑	3.2 公里轻松跑	休息	交叉训练30 分钟	休息	4.8 公里轻松跑	休息
第3周	4.8 公里轻松跑	3.2 公里轻松跑 +2 组 20 秒跨步跑	休息	4.8 公里轻松跑	交叉训练30 分钟	6.4 公里轻松跑	休息
第4周	4.8 公里轻松跑	4.8 公里轻松跑 +4 组 20 秒跨步跑	休息	交叉训练30 分钟	3.2 公里轻松跑	6.4 公里轻松跑	休息

第5周	4.8 公里轻松跑	4.8 公里轻松跑 + 4 组 20 秒跨步跑	休息	4.8 公里轻松跑	交叉训练30 分钟	8 公里轻松跑	休息
第6周	4.8 公里轻松跑	6.4 公里轻松跑	休息	4.8 公里轻松跑 + 4 组 20 秒跨步跑	交叉训练30 分钟	8 公里轻松跑	休息
第7周	6.4 公里轻松跑	6.4 公里轻松跑	休息	4.8 公里轻松跑 + 4 组 20 秒跨步跑	交叉训练30 分钟	6.4 公里轻松跑	休息
第8周	6.4 公里轻松跑	6.4 公里轻松跑	交叉训练30 分钟	休息	6.4 公里轻松跑	8 公里轻松跑	休息
第9周	4.8 公里轻松跑	6.4 公里轻松跑	休息	3.2 公里轻松跑 + 4 组 20 秒跨步跑	交叉训练30 分钟	4.8 公里轻松跑	休息
第10周	4.8 公里轻松跑	3.2 公里轻松跑	休息	3.2 公里轻松跑或交叉训练30 分钟	休息	15 分钟轻松跑 + 4 组 20 秒跨步跑	比赛日

轻松跑：可以维持长时间跑的配速，用这个配速一边跑步一边对话不会存在问题。

跨步跑：在平地上做这个练习，逐渐加速到最大运动强度的 90%。每组之间要充分恢复。

交叉训练：30 分钟无强度或低强度的有氧运动，如骑车、椭圆机训练或者游泳。

休息：完全休息，或者做 30 分钟无强度或低强度的有氧运动，如骑行、椭圆机训练或者游泳。

进阶 5 公里训练计划

赛前 10 周开始训练，适用于每周跑量达到 64 公里的跑者。

	星期一	星期二	星期三	星期四	星期五	星期六	星期日
第1周	6.4 公里轻松跑	8 公里轻松跑	交叉训练 60 分钟	8 公里法特莱克训练：3.2 公里热身，10 组 60 秒 5 公里配速跑 +90 秒轻松跑，3.2 公里冷身	休息	6.4 公里轻松跑	11.2 公里轻松跑
第2周	8 公里轻松跑	8 公里，跑速比轻松跑稍快，山路跑	交叉训练 60 分钟	8 公里法特莱克训练：1.6 公里轻松跑，3.2 公里；2 分钟 5 公里配速跑 +1 分钟轻松跑，3.2 公里轻松跑	休息	6.4 公里轻松跑	11.2 公里轻松跑
第3周	9.6 公里轻松跑	8 公里，跑速比轻松跑稍快	交叉训练 60 分钟	9.6 公里法特莱克训练：3.2 公里轻松跑，3.2 公里；2 分钟 5 公里配速跑 +1 分钟轻松跑，3.2 公里轻松跑	休息	6.4 公里轻松跑	12.8 公里轻松跑
第4周	8 公里轻松跑	8 公里：3.2 公里轻松跑，10 组 20 秒上坡（坡度 10%）冲刺跑，组间下山慢跑恢复，3.2 公里轻松跑	交叉训练 60 分钟	11.2 公里法特莱克训练：3.2 公里轻松跑，4.8 公里：90 秒 5 公里配速跑 +1 分钟轻松跑，3.2 公里轻松跑	休息	8 公里轻松跑	11.2 公里轻松跑

第5周	9.6公里轻松跑	8公里，跑速比轻松跑稍快，跑山路。或者3.2公里轻松跑，10组20秒上坡（坡度10%）冲刺跑，组间下山慢跑恢复，3.2公里轻松跑	交叉训练60分钟	11.2公里速度训练：2.4公里热身，10组400米5公里配速跑+组间200米慢跑，2.4公里冷身	休息	9.6公里轻松跑	12.8公里轻松跑
第6周	8公里轻松跑	11.2公里，跑速比轻松跑稍快，山路跑	交叉训练60分钟	12.8公里速度训练：3.2公里热身，6组800米5公里配速跑+组间400米慢跑，3.2公里冷身	休息	11.2公里轻松跑	14.4公里轻松跑
第7周	9.6公里轻松跑	12.8公里山路跑，跑速比轻松跑稍快，或者找坡度10%的路段，执行下面训练计划：3.2公里轻松跑，24组20秒上坡冲刺跑，组间下山慢跑恢复，3.2公里轻松跑	交叉训练60分钟	12.8公里速度训练：3.2公里热身，3组1.6公里5公里配速跑+组间800米慢跑，3.2公里冷身	休息	11.2公里轻松跑	14.4公里轻松跑
第8周	9.6公里轻松跑	9.6公里山路，跑速比轻松跑稍快，但不超过节奏跑配速	交叉训练60分钟	12.8公里速度训练：3.2公里热身，10~12组400米5公里配速跑+组间200米慢跑或走，3.2公里冷身	休息	8公里轻松跑	12.8公里轻松跑

| 第9周 | 6.4 公里轻松跑 | 8 公里轻松跑 | 交叉训练60 分钟 | 9.6 公里法特莱克训练：1.6 公里轻松跑，6.4 公里：90 秒 5 公里配速跑 +1 分钟轻松跑，1.6 公里轻松跑 | 休息 | 6.4 公里轻松跑 | 12.8 公里轻松跑 |
| 第10周 | 6.4 公里轻松跑 | 6.4 公里法特莱克训练：1.6 公里轻松跑，3.2 公里：1分钟 5 公里配速跑 + 组间 1 分钟轻松跑，1.6 公里轻松跑 | 休息 | 6.4 公里轻松跑 | 休息 | 20 分钟轻松跑 + 4 组 20 秒跨步跑 | 比赛日 |

如何参加 5 公里赛事

你可以使用不同策略参赛，这主要根据你的目标来定。

对于新手来说，目标应该设定为整场 5 公里比赛都维持目标配速，且完赛时状态良好。这要求你不能被那些第 1 公里就跑得过快的选手们给带偏了，要记得你自己轻松跑步时的状态。当然，比赛时由于肾上腺素升高，配速也会有所提高。不要低估现场环境带给你的影响，不仅仅是身上有号码布，你还得和数千名急切的运动员们排在一起等着鸣枪。第 1 公里被跑得快的人群甩开时，你不要觉得慌张，可以在第 2~3 公里的时候调整配速，跑出赛前 10 周你训练时的节奏来。如果想在到达终点线的时候有个好成绩，那就请按照这个要求做。在最后一公里的时候如果觉得自己状态还不错，可以试下冲刺，像你训练期间每周做的那样。

　　对于进阶跑者来说，5公里跑需要密切注意配速。 如果想要尝试突破自己纪录的话，就不能太保守，但也不能太激进，这个比赛距离正好位于两者之间。前面第1公里起步时保持自己正确的配速，从第2~3公里时开始超越那些明显没有配速策略或者无法执行自己计划的人。你会感觉自己像个摇滚明星，不断超越那些掉速的人。在第4公里的时候要注意还在你旁边一起跑的选手，这些人才是你的竞争对手，他们是要和你争夺年龄组奖励的人，那奖杯可是你的，所以这个时候就要好好看看哪些人是你可以甩掉的。在跑到第3公里的时候，你要注意那些一直跑在你前面的人，看看哪几个是你可以赶上的。如果你还有什么看家本领，就在这个时候全部使出来，不要保留，全力以赴！对了，没准你可能会觉得想吐。没事的，在终点线上这是完全允许的，只是要礼貌点儿，注意不要吐在竞争对手的鞋子上。

　　热身和恢复。 比长跑更重要的是，5公里赛需要非常恰当的跑前热身和跑后恢复，这些能让你的身体有更好的表现，赛后也能更快地复原。最好提前60分钟到赛场开始准备。对于老练的跑者来说，会利用这个时间做20分钟的慢跑；如果你是新手，那就快走10分钟。如果你以前速度训练前都会做动态拉伸和技术动作练习，那就把它们也加到赛前热身中。我自己虽然不做技术动作练习，但是我知道这对很多跑者来说都是有用的。离比赛还有10分钟左右的时候，来4组跨步跑。在冲过终点线后，拿上饮料，一边喝一边走上几分钟，然后再慢跑20分钟。可能你迫不及待地想跑去庆祝了，最好还是再等一会儿吧，你需要让肌肉自己开始修复，这样迟些时候才不会太酸痛，也能为下一场比赛的训练做好准备。

亚索
锦囊

5 公里系列赛的应对策略

很多组织都会在夏季安排一系列 5 公里赛。通常情况下报名费都很便宜，没有什么不必要的活动安排。在这种比赛上可以测试身体的强健程度，充分激发出和亦敌亦友的跑者之间的对抗。夏天的 5 公里赛通常都是很有趣的，针对性的训练会有点儿棘手，下面有一些短时间内参加多场赛事的小技巧：

1. **研究一下赛程安排表，挑两个对你最重要的赛事。**也许是几场要到不同地方的比赛。看看哪几场最适合发挥你的水平，做个安排好好去展现你的实力。比赛邻近的那几周，你可以减少跑量，可以降低一点儿强度，这会让你觉得更加轻松。

2. **利用一些其他 5 公里赛作为你的速度训练。**在参赛前不要减少任何训练量，唯一需要调整的是你的整个训练计划，让这些 5 公里赛与你本来计划的速度训练时间表正好一致。

3. **给自己留足够的时间。**如果你是准备一个赛季的比赛，那就需要赛前 3 个月就打好基础。基础训练包括跑量练习，然后逐渐加入速度训练。随着赛事临近达到 5 公里比赛的目标配速。

4. **别忘了每场赛事之间恢复训练的重要性。**恢复训练要在赛事一结束就开始，补水、补给、恢复，这样才能让自己恢复活力。如果第二天你觉得很疲劳，减少一些计划内跑量或者改为交叉训练。饮食要有营养，睡眠要充分，做到这两点能让你保持健康状态，准备充分地迎战整个夏季的赛事。

RACE EVERYTHING

03
10 公里训练
及比赛

HOW TO
CONQUER ANY
RACE AT
ANY
DISTANCE IN
ANY ENVIRONMENT
AND
HAVE FUN
DOING IT

　　我在 10 公里的章节中加入了很多感性的描述。这是我第一次参加正式比赛时选择的距离，也是我从此爱上这项运动的开始。事实上，在我的整个跑步生涯中，一共参加了 300 多场 10 公里赛。很多人可能会忽视 10 公里赛，因为它没有 5 公里赛那么流行和普及，也没有跑一个半程马拉松或者全程马拉松那么费劲和吸睛。但是，参加一场 10 公里赛事是有很多益处的，这个距离的比赛过程会让你感悟出很多跑步的智慧。至少在最初参赛的那些日子里，我从 10 公里赛事中学到了很多。

　　我特别喜欢用 10 公里赛来测试身体强健程度，尤其是在为更长距离的赛事做备战训练的时候。这也是一个在日常训练中加入快速跑的好方法，能让我不至于太注重长距离跑而退化了对速度的感觉，谁也不愿意一直跑得慢吞吞的，不是吗？多数跑者把 10 公里赛作为一种实现其他赛事目标的备战训练。比如，赢得 2004 年雅典奥林匹克运动会马拉松比赛银牌的梅布·凯夫莱齐吉（Meb Keflezighi）就在赛前几周先去参加且赢得了一次美国奥林匹克 10 000 米选拔赛。类似的还有在 2004 年奥运会女子马拉松中赢得了铜牌的蒂娜·卡斯托尔（Deena Kastor）。如果他们都觉得参加 10 公里赛有用，那么这种做法就一定有道理。在一个长距离比赛之前跑一个更快速度的 10 公里赛，会让半程马拉松或者全程马拉松的比赛配速显得更轻松。一般来说，10 公里比赛配速通常要比全程马拉松的每公里配速快 18~21 秒。

对于刚刚接触跑步的新手，或者只是参加过几次 5 公里赛事的跑者来说，下一个阶段的目标自然而然地就是 10 公里赛。我曾多次强调，在参加马拉松赛之前，新手们必须循序渐进，虽然我也知道很多人没有经历这些步骤就直接开始参加 42 公里的全程马拉松。先进行 5 公里和 10 公里的训练和比赛是个很好的办法，不仅可以让人安全地逐渐增加跑量，适应速度训练，还能很好地体会配速的感觉。如果你已经通过 5 公里赛训练具备了一定的基础水平，那么只需要再经过 8 周的训练，你就能去参加你的首个 10 公里赛事了。

10 公里经典赛事

有很多 10 公里赛事值得参加。每年美国阵亡将士纪念日，在科罗拉多州的波尔得（Boulder），会举办"大胆波尔得"（The Bolder Boulder）比赛，有将近 54 000 名的跑者完赛，它也为整个夏季的赛事拉开了序幕。比赛中，精英们是单独起跑的，所以更精彩，也很容易完整地看到他们的比赛。他们一起参加了国际团队挑战赛，为比赛增添了新看点。比赛的终点设置在科罗拉多大学的福尔索姆球场，那里挤满了大约 5 万名尖叫的粉丝。在美国，没有多少终点线能见证此种热情。看到这么多人对跑者和比赛表现出如此大的热情是一件让人振奋的事。此后举行的纪念日活动也非常有意义，令人感动。

铜河大桥赛

　　我最喜欢的 10 公里赛事之一是在美国南卡罗来纳州的查尔斯顿（Charleston）举办的铜河大桥赛（Cooper River Bridge Run），一般是在 4 月初举行。这是美国第三大 10 公里赛事，也是美国第五大路跑赛事，每年参赛人数超过 40 000 名。我当初参赛的时候，这个桁梁桥（truss bridge）① 是老式结构，总是摇摇晃晃的。当很多人一起跑过去的时候，能明显感觉到桥在来回摇晃，我跑的时候也感觉到了一些不自然的动静。你会看到一些跑者在感受到震动后脸上出现了明显的恐惧，大家不知道是否安全，也不知道这个桥在承受几千名跑者的压力时会不会垮掉。事实上，我还记得很多职业选手选择待在大桥的中间，因为他们和其他人一样害怕。我当时都在怀疑汽车是否能安全地开过去，直到看到汽车都过去了，才给了我一点信心，相信我们都能安全地跑到对岸。在桥上可以直接看到桥下的水流，这也算是这个赛事的魅力和神秘之处。

　　此后，那儿建了一座很美丽的新桥，在 2005 年投入使用，它把查尔斯顿和欢喜山（Mount Pleasant）连了起来。新桥简直就是一个艺术品，总长 4 公里，所以比赛很大一部分是在桥上完成的。在桥上远眺，景色非常美丽壮观。这是一条点对点的单向赛程，桥的前面部分有一点点上坡，桥的后半部分则全是下坡。过了桥之后，就能直接跑向查尔斯顿小镇，到达终点前的路，简直是平得不能再平了。跑完比赛后，要准备好参加终点的赛后庆祝派对。那里有很多小点心，还有很多准备欢庆的人们。查尔斯顿小镇是一个很棒的终点，一个值得参观的很有趣的地方。和你想的一

---

① 桁梁式桥有坚固的横梁，横梁的每一端都有支撑，最早的桥梁就是根据这种构想建成的。——译者注

样，这里的人们热情好客，还有海滩和很多值得一看的历史地标。

新奥尔良市经典赛

我肯定是被南方吸引住了，所以我的 10 公里赛多数选在了南方。这么多年来，我还一直很喜欢参加新奥尔良市经典赛（Crescent City Classic）。这个 10 公里赛在新奥尔良举办，简称 CCC，是一场春季的盛大赛事，时间是每年复活节的周末。CCC 的赛道路线非常平整，只有很少的几个弯道，属于非常少见的快速赛道，气氛也是非常经典的新奥尔良式：准备狂欢吧！这场赛事把路跑比赛和四旬斋前最后一天的狂欢节合在了一块。赛场上的精英跑者用极快的速度猛冲，队伍中间和靠后一些的跑者们则选择慢一些的速度。在新奥尔良，狂欢永远不会结束。到处都是复活节兔子服装和成人饮料，当然，如果你需要的话，自然也会有普通的水和运动饮料。

CCC 赛从新奥尔良市中心超级穹顶（Superdome）体育馆前面的镇子开始起跑，穿过法国区（French Quarter），沿着滨海大道（Esplanade Avenue）前往新奥尔良公园。你应该能想象出来，那儿正有一个盛大的狂欢聚会等着你。这才是真正有趣的环节，到处都是啤酒和什锦饭 ①，还有各种风味独特的克里奥尔（Creole）美食。我非常喜欢这类赛事，它所有的活动组织中都能让跑者充分感受到其特有的地域文化。在 10 公里跑完的时候，大家都有一点疯狂，在这样的一场赛事上你竟然可以体验到一点波旁街（Bourbon Street）② 的气氛。试问，谁能

---

① 一种把米饭、海鲜、鸡肉放在一起炒制的美食。——译者注
② 新奥尔良法语区著名的老街。——译者注

在跑得筋疲力尽时去拒绝一份新奥尔良熏猪肉香肠呢？那味道……闻起来真是香极了，如果我不是一个素食者的话，早就一口吞了。

桃树路跑赛

在你的路跑比赛生涯里，我强烈建议至少要参加一次每年 7 月 4 日在亚特兰大举行的桃树路跑 10 公里赛。这是全美最大规模的路跑赛事，大约有 60 000 人参加，现在也成了美国独立日的传统节目。这场赛事总是能吸引到很多顶尖的职业选手。

选手参加桃树路跑赛的命运如何，取决于如何应对现场可能出现的各种变数，比如变化莫测的天气或者超级多的观众，等等。7 月的亚特兰大，天气又热又潮，甚至会下雨。直到准备起跑的那一刻你才真正知道是什么天气，甚至前面出发的人群和最后出发的人群都有可能碰到完全不同的天气状况。如果你担心环境变化太快，那这个赛事就不太适合你了。如果你不清楚自己能否接受这样的风云莫测，那么就来试试，到当天比赛的时候你就会知道了。这项赛事组织得相当棒，工作人员把交通、后勤管理得井井有条，赛事运行也非常顺畅，你要想想他们需要负责让多少人安全顺利地跑完 10 公里！

除非你是职业选手或者是种子选手，这样的话才能排在前面几个阵营，否则你一定会被旁边如此之多的选手拖累。不要慌张，要学会像青蛙跳那样，从你周围的人群中冲出去。在赛道上左穿右插甚至横穿路面，只会增加你的比赛时间并消耗你的体力，也无形中增加了你要跑的距离。一定要耐心一些，有时在 10 公里赛起跑时保守一点，更有利于以更快的速度冲向终点。赛道在 1.6 公里后就会变得开阔起来，你就有空间可以跑出自己的配速了。

桃树路跑赛以它的跑道坡度而闻名。赛道总体是下坡的，当你跑过心形山（Cardiac Hill）的时候一定要留意它为什么得名，它就位于皮埃蒙特医院（Piedmont Hospital）的前面。首先，你要沿着下坡道跑完前面 5 公里，这个时候已经跑得非常热，然后突然就要开始爬坡，坡度上升高达 60 多米，长度将近 1.2 公里。你用同样的身体强度感觉去爬坡就好了，不要勉强自己维持同样的配速。

对于想要跑出个人最好成绩的选手来说，桃树路跑赛可不算是一个好的选择，当然如果真把这个作为你的目标，那也是有可能实现的。来参加这个赛事的最大理由是享受比赛过程。如果你能仔细阅读赛事组织者放在网上有关交通和后勤方面的指南，并且全部照着去做，那么你应该会有一个顺当愉快的一天，你的比赛也会非常顺利。观众们迸发出的能量非常有感染力，人们会和你击掌，为你喝彩。

桃树路跑赛参赛贴士

1. **要适应在暖和的环境里跑步。**不是每个人都住在像亚特兰大夏天那样又湿又热的地方，所以尽量找类似环境来训练吧。如果桃树路跑赛是你的目标赛事，那就做一个计划，一周找 1~2 天在最热的时间去跑步。如果这个计划和你的工作时间冲突，那就把一些速度训练或者周末的长距离跑放在一天内温度最高的时候进行。这样练下来，你才不至于在 7 月 4 日比赛时完全懵了。

2. **补水训练**。要训练你的消化道，使之可以适应在开跑之前及跑步中喝几次水。如果你在温度较低的地方进行 10 公里赛，那么只要赛前补水足够，跑步过程中就无须补给。但如果是在南方的夏天参赛，情况就完全不一样了，尤其是参赛者成群地挤在起点，你前边还有几千人，这种类似烤面包一样的环境，参赛时间也会被延长。

3. **计划好赛前补给**。尽管官方宣布开赛时间是早上 7 点 30 分，但这并不意味着所有的跑者都可以真的在那个时间开跑，排在队伍最后的人可能要等 90 分钟后才能出发。所以要研究好你所在的方阵什么时间开跑，这样才好推算出你要在什么时间点吃早餐。在到达赛场时，很可能你需要自己准备一些食物并在合适的时候吃下去。平常训练的时候最好也增加这些内容，尤其是周末长距离跑的时候要增加补充饮食的练习，这样你就能知道在什么时间吃，以及吃什么样的食物，你的身体才能较好地接受。

亚索锦囊　**应对高温潮湿天气的 4 个技巧**

　　比赛当天有很多变数，其中让跑者一直很头疼的就是天气。有些跑者还没有搞明白，虽然温度无法控制，但是通过训练，跑者是完全可以适应各类温度的天气的。如果比赛当天很热，比如桃树路跑赛、纪念碑大道10公里赛，那就要调整期望值，并提前做一些积极的训练来摆脱这些不利因素。下面我分享4个应对高温潮湿天气的技巧：

1. **调整期望值**。调整参赛的目标，哪怕和备战训练时确定的目标不一样。如果你还是固执地按照训练时候的配速起跑，很可能会在跑向终点线的过程中就不行了，所以最好保守点，判断自己是否有能力在最后几公里开始慢慢加速。如果发现条件不具备，就要允许自己改变目标。有研究表明，气温一旦超过15.5摄氏度，之后每提高2.78摄氏度，每公里的配速会降低12~18秒。不要再盯着手表看，按自己的感觉来跑就好，可能这样还能跑得更好一些。

2. **穿对衣服**。要确保衣服及装备有助于你保持凉爽。找出宽松且面料排汗的衣服，戴上太阳眼镜和帽子，抹点儿防晒霜。

3. **给自己淋点儿水**。当你经过补给站的时候，拿一杯水喝掉，再拿一杯水倒在自己头上来降温。有时候赛事举办方也会有其他降温的方法，比如提供冷海绵或者向跑者们洒水。如果你觉得自己体温过高，这些方法都可以尝试。

4. **赛前、赛中、赛后的补水**。看看你的尿液是不是淡黄色的，这意味着你身体中的水分是否充足。饮用几百毫升含有电解质的运动饮料，可以

帮助你的身体吸收水分。当然，也没必要喝得太
多，让自己不觉得口渴就好。另外，要注意在比
赛前一天就要开始补水。

纪念碑大道赛

我最期待的 10 公里赛是在弗吉尼亚州里士满（Richmond）举行
的纪念碑大道赛，每年 3 月底或者 4 月初开赛。正如赛事主办方所宣
传的："这是一场鼓舞人心的盛会，是一个街区派对，是一场比赛，也
是一条通往健康之路。"

比赛的赛道基本上就是在纪念碑大道进进出出，这是一条著名的林
荫大道，中间由绿树成荫的草地分隔。比赛的季节正值一年花开之际，
风景分外秀美，引人入胜。沿着大道还能看到很多美国内战中联盟国 ①
人士的雕像，包括罗伯特·李、杰斐逊·戴维斯、"石墙"杰克逊。国
际网球明星和人道主义者亚瑟·阿什的雕像也放在这里供人悼念，他是
里士满人。

我最喜欢这个赛事的地方在于它的组织。赛场上的 30 000 名参赛
者按照各自配速被分成了大概 30 组，每隔 3 分钟就会有一组人开始起
跑，所以我们会和水平相当的人一起比赛。有些组别需要提供一定的资
格证明才能加入，还有一些组是面向快走的选手的，也有一些组是面向
没有太多跑步经验的跑者的。如果你希望和朋友们一起比赛，你们可以
选择在最慢的组别里一起开跑。比赛的氛围非常好，可以满足不同跑者

① 指美国内战中南部的美利坚联盟国军队。——译者注

的需求，你既可以来这里创造你的最好成绩，也可以寻寻乐子，或者只是简单地跑完赛就好。 赛场外还有 20 支现场乐队给大家助力加油，这提高了比赛的水准，也给现场增添了热烈的氛围。想象一下，10 公里的距离上就有 20 支乐队，处处都是音乐，多壮观啊！

这个比赛还会设立一些附加比赛项目奖项。例如，根据不同的能力水平，某一个跑者会被选为专业组里领先起跑的人，如果他或她能够取得比赛的胜利，就会有 2 500 美元的奖金。跑者们并不是唯一参加竞争的人员，比赛还为赛道边上的粉丝们设立了一个最佳团队作为精神奖励。此外，还给住在大道附近的人们奖励走廊派对（porch party），并请优胜者出席观看盛会。

纪念碑大道赛还是我所知道的现场拥有最多奇装异服跑者的赛事。志愿者们会组织起来，给大家的服装打分，评比出最佳个人奖和最佳团队奖，并会给予现金鼓励。我当时需要帮忙做电视直播的解说，人们穿着奇特服装对我来说很具有挑战性。我还以为自己对流行文化是很了解的，可是当看到有个人装扮成口袋妖怪中角色的模样冲过终点线的时候，我却完全不知道这个人扮演的是谁。人们通常也会打扮成某个流行明星或者当前新闻里很热门的人物，可是我总认不全，这让出现在电视直播里的我看起来很呆萌。

以上种种都汇聚在这样一个巨大又平整的赛场上，成就了这个非常独特的社区性赛事。在这里，你可以跑得很快，还可以充分感受到周围观众的热情。

纪念碑大道赛参赛贴士

1. **你会在鹅卵石路上跑步。**这项赛事的赛道很大一部分都是鹅卵石路。当然这不是什么大问题，因为它们都非常平整。除非你住的地方附近正巧也有鹅卵石路，否则你没有办法为此做太多的准备或者训练。不过，提前知道会在第 8 公里的时候遇到不平整的路面，对你还是有帮助的。

2. **天气是变化莫测的。**有时候天气异常潮湿温热，有时候还会遇到阴雨冰冻的天气。弗吉尼亚的春天什么都可能发生，你只能调整自己，准备好迎接大自然带给我们的一切。

3. **可能会遭遇逆风。**比赛日当天如果风很大，在这么一个有很大迂回的赛道上，就会有一半的时间是顶着风跑，能明显感觉到风打在脸上。起跑前最好判断下风向，当你在某个弯道遇到阻力就不会觉得意外了。

4. **前半程有点上坡。**前半程跑的时候其实是逐渐上坡的，但是坡度非常小，几乎看不出来。刚从起跑线出发时人们通常会觉得精力十足，因此更加不会注意到有坡度。在后半程回终点线的时候，希望你能注意到你现在是在下坡了。

5. **计划好按照不同的分段速度跑。**这个赛事很容易就让人进入并保持最佳状态。当你在第 5 公里左右折返时，请继续保持你的目标配速，任何比

赛都不要去追赶那些被肾上腺素左右而起跑得非
常快的人群。记住，你可以在其他人开始掉速时
再去超越他们。早点儿跑到你的目标配速并保持
住，每公里都确认一次时间。

10 公里备赛训练

10 公里赛需要训练很多方面内容。你可以说 10 公里的距离很
长，因而需要耐力和力量训练；你也可以说 10 公里很短，所以也需要
速度训练。难怪有些人会跑过它，转而选择一个他们认为更加明确的距
离。10 公里确实有点儿棘手，这是毋庸置疑的。

备战 10 公里赛，在建立了坚实的健康基础后，还有几个典型的要
素：新手的 12 公里长距离跑，有经验的跑者的 16 公里长距离跑，可
以进行山路上的速度训练、节奏跑、跑道训练，还可以进行比 5 公里
备战训练距离稍长的轻松跑训练。如果你想实现个人 10 公里最好成绩，
还需要在每周日常训练中增加特定的配速训练。

下面这些训练计划供大家参考一下，正如我前面说过的，每位跑者
都是不一样的，没有任何训练计划是适用于所有人的。你需要做的就是
聆听身体的感受，根据需要作出调整。

新手 10 公里训练计划

赛前 8 周开始训练，适用于可以轻松跑完 5 公里的跑者。

	星期一	星期二	星期三	星期四	星期五	星期六	星期日
第1周	4.8 公里轻松跑	休息	3.2 公里轻松跑	休息	交叉训练30 分钟	4.8 公里轻松跑	4.8 公里轻松跑
第2周	休息	4.8 公里轻松跑	4.8 公里轻松跑	交叉训练30 分钟	4.8 公里轻松跑	休息	6.4 公里轻松跑
第3周	4.8 公里轻松跑	3.2 公里轻松跑 + 2 组 20 秒跨步跑	休息	4.8 公里轻松跑	交叉训练30 分钟	6.4 公里轻松跑	8 公里轻松跑
第4周	休息	4.8 公里轻松跑 + 4 组 20 秒跨步跑	4.8 公里轻松跑	交叉训练30 分钟	6.4 公里轻松跑	休息	9.6 公里轻松跑
第5周	4.8 公里轻松跑	休息	4.8 公里轻松跑 + 4 组 20 秒跨步跑	4.8 公里轻松跑	交叉训练30 分钟	4.8 公里轻松跑	11.2 公里轻松跑
第6周	休息	4.8 公里轻松跑	休息	6.4 公里轻松跑 + 4 组 20 秒跨步跑	4.8 公里轻松跑	交叉训练30 分钟	9.6 公里轻松跑
第7周	6.4 公里轻松跑	4.8 公里轻松跑	休息	4.8 公里轻松跑 + 4 组 20 秒跨步跑	休息	交叉训练30 分钟	6.4 公里轻松跑
第8周	4.8 公里轻松跑	4.8 公里轻松跑	交叉训练30 分钟	4.8 公里轻松跑	休息	15 分钟轻松跑 + 4 组 20 秒跨步跑	比赛日

轻松跑：可以维持长时间跑的配速，用这个配速一边跑步一边对话不会存在问题。

跨步跑：在平地上做这个练习，逐渐加速到最大运动强度的 90%。

每组之间要充分恢复。

　　交叉训练：30分钟无强度或低强度的有氧运动，如骑车、椭圆机训练或者游泳。

进阶 10 公里训练计划

　　适用于每周跑量至少达到 32 公里，且至少有一次 5 公里赛经验的跑者。

	星期一	星期二	星期三	星期四	星期五	星期六	星期日
第1周	8公里轻松跑	8公里轻松跑	交叉训练60分钟	9.6公里法特莱克训练：3.2公里热身，12组60秒5公里比赛配速跑+90秒轻松跑，3.2公里冷身	休息	6.4公里轻松跑	11.2公里轻松跑
第2周	8公里轻松跑	9.6公里，跑速比轻松跑稍快	交叉训练60分钟	9.6公里山坡间隔跑：3.2公里轻松跑，6组1分钟上坡冲刺跑（坡度逐渐上升，不要太陡），组间下山慢跑恢复，3.2公里轻松跑	休息	6.4公里轻松跑	12.8公里轻松跑
第3周	9.6公里轻松跑	9.6公里，跑速比轻松跑稍快	交叉训练60分钟	11.2公里速度训练：3.2公里热身，6组400米快跑（比5公里比赛配速稍慢一些），组间200米小跑，3.2公里冷身	休息	6.4公里轻松跑	14.4公里轻松跑

第4周	9.6公里轻松跑	8公里：3.2公里轻松跑，10组20秒上坡（坡度10%）冲刺跑，组间下山慢跑恢复，3.2公里轻松跑	交叉训练60分钟	12.8公里速度跑：3.2公里热身，4组1.6公里10公里比赛配速+组间1分钟休息，3.2公里冷身	休息	8公里轻松跑	14.4公里轻松跑
第5周	9.6公里轻松跑	8公里，跑速比轻松跑稍快，跑山路	交叉训练60分钟	11.2公里速度训练：4公里热身，6组400米（速度比5公里比赛配速稍慢）+组间200米，4公里冷身	休息	9.6公里轻松跑	12.8公里轻松跑
第6周	8公里轻松跑	9.6公里，山路间歇跑：3.2公里轻松跑6组1分钟上坡冲刺跑（坡度逐渐上升，不要太陡），组间下坡轻松跑，3.2公里轻松跑	交叉训练60分钟	12.8公里速度训练：3.2公里热身，6组800米5公里比赛配速跑+组间400米慢跑恢复，3.2公里冷身	休息	11.2公里轻松跑	16公里轻松跑
第7周	8公里轻松跑	8公里轻松跑	交叉训练60分钟	9.6公里速度训练：3.2公里轻松跑，3组1.6公里10公里比赛配速跑+组间2分钟恢复，1.6公里轻松跑	休息	6.4公里轻松跑	9.6公里轻松跑
第8周	8公里轻松跑	6.4公里法特莱克训练：1.6公里轻松跑，3.2公里：1分钟5公里比赛配速跑+1分钟轻松跑，1.6公里轻松跑	休息	6.4公里轻松跑	休息	20分钟轻松跑+4组20秒跨步跑	比赛日

**亚索
锦囊**

亚索的 10 公里速度训练

　　我坚信，对于有经验的跑者来说，所有 10 公里备战中的速度训练都应该包括一段 4.8 公里的高质量跑步训练。也就是说，在训练中必须要跑出预定的比赛配速，并且累积持续距离达到 4.8 公里。尽管一个伟大的训练计划不一定非得需要跑道，但我个人还是非常喜欢在田径场上进行 10 公里备战训练。

速度训练之一

　　20 分钟热身慢跑

　　6~8 组 400 米，速度为 5 公里比赛配速，组间 200 米小跑，速度比走或者慢跑稍快

　　15 分钟冷身慢跑

　　为什么：这个速度训练方法是由澳大利亚著名马拉松运动员罗布·德·卡斯特拉（Rob De Castella）制定的，根据每个人的个体差异可以进行调整。例如，可以尝试 3 组 1 200 米或 400 米，配速为 10 公里比赛配速，组间 100 米小跑。因为在中间间隔的那 200 米可能还没来得及完全恢复，所以后面的几组训练就会变得有点儿难度。因此在训练刚开始时第一组不要太快。这个训练有点像法特莱克，不过结构更紧凑。这个方法除了可以让你熟悉正确的配速，还可以训练你的肌肉更有效地分解消耗乳酸。

　　什么时间：使用这个训练方法之前，要确保你已经有很好的跑量基础且身体也足够强健。可以每隔一周进行一次训练，但赛前那一周要避免使用这个方法。

速度训练之二

20 分钟热身慢跑

4 组 1.6 公里，速度为 10 公里比赛配速，组间 1 分钟休息

20 分钟冷身慢跑

为什么：这个训练方法很简单也很经典，对参加 10 公里赛有很多好处。首先，你要体验到 10 公里配速到底是什么样的感觉，组间短暂的休息是获得这个训练益处的关键。相对于连续跑上 10 公里，正是这 1 分钟的休息让你更好地控制这 4 组速度训练。记住，要使用你现有的 10 公里配速，抑制住自己想跑快的诱惑。

什么时间：每周进行一次这样的速度训练不会有受伤的危险。在比赛前那一周，可以相应地缩短间歇跑的距离或者总距离。在你掌握了 4 组 1.6 公里跑之后，你也可以换成 6 组 1.6 公里跑来提高整个训练的强度。

速度训练之三

20 分钟热身慢跑

8 组 1 分钟冲刺上坡跑（不要太陡），组间下坡慢跑恢复

20 分钟冷身慢跑

为什么：跑坡是很好的力量锻炼方式，可以塑造良好的体型，几乎不会让人受伤。对于新手跑者来说，跑坡是一个可以和每周速度训练结合在一起进行锻炼的好办法。

什么时间：每周可以进行一次训练，任何时间都可以。到了邻近比赛的那周，则可以取消或者减少重复次数。

如何参加 10 公里赛事

当你从 5 公里赛升级到 10 公里赛的时候，最好是把长距离分解成更易接受的短距离来分开控制。有些人每次会分成两个 5 公里来控制，也有人习惯每次按 3.2 公里的长度来分段，然后为每一个分段距离设定目标。无论你做什么，试着选择一个策略，让比赛的距离看上去不是那么难以承受。

从刚开始参加的那些 10 公里比赛里我学到一件事：10 公里距离太长了，如果出发的时候跑得太快，后面是无法保持体力的。我清楚地记得当年被哥哥乔治鼓动参加第一次比赛的时候，枪一响我就一直跟着领先的跑者跑得很快，跑到一半的时候我就想吐了。而乔治在后面反超了我，他更有经验，非常清楚比赛时用错误的配速多么的危险。这是一个菜鸟级的错误，但是这次的教训也让我对距离有了更深刻的认识。

很多人都像我一样，有过这样的经历，这些经历对于我之后制订参与比赛的策略和计划非常有用。我会在前面 1 公里调整配速，大概会比我的目标配速略微慢 3~6 秒。如果真这样做的话，可能我们感觉会跑得慢一些，但是事实上可能并没有真的慢下来，所以最后还是能跑出目标配速。但是，很少有人真的会在起跑时做到保守一点。

前面的 3.2 公里应该感觉很好，不会太难。如果已经感觉很累了，就应该稍微放慢点。想跑出最好成绩，中间的几公里你需要紧紧咬住配速。第 5~8 公里这段非常重要，是影响你成败的关键。尽管和 5 公里赛相比，后面还有一段很长的距离可以用来调整配速，但是千万不能让自己和目标配速相差太远。当你跑到半程的时候，你要提起一股劲儿，至少在精神上让自己感觉像回家一样。这个时候，你可以看看周围还有谁，以及研究下他们的速度是否放慢了。你要检查下自己的状态，不要被周围开始掉速的跑者影响。这个时刻，很多人都会开始感到疲劳，如果你能正确执行配速策略的话，此时就应该开始超越周围的人了，找出跑在你前面的人，并且超过他们！

最后 2 公里，是倾你所能、完全展现你速度训练成果的时候了。记得你是如何完成那些可怕的训练的吗？尤其是那些训练的后段，现在就是拿出那种状态保持步频的时候。再次提醒你要去超越那些略微领先你的人，当你超过一个人之后，再选一个目标继续超越。如果你还有绝招，那就在最后一公里冲刺时用上。

和 5 公里赛有点儿类似，赛前的热身非常重要，可以帮助你在枪响后立刻跑出比较快的配速。如果你还没有热身就开始 10 公里赛，你会发现很难马上达到你需要的配速。我建议有经验的跑者提前慢跑 20 分钟，然后做一些动态拉伸动作，在比赛开始之前再做 4 组 20 秒的跨步跑。等到比赛结束后，慢跑 15 分钟冷身，让身体慢慢恢复，第二天感觉会好很多。记得要补充营养，多喝水，晚上好好休息。这些对于修复肌肉，让身体回到正常状态非常重要。

如果这场比赛只是你为后面更长距离比赛进行的预热，比如说半程马拉松或者全程马拉松，那么你更加要认真执行前面说的这些所有步骤，这样才能让你最快地恢复到可以继续进行训练的状态。

　　如果你是个新手，你也需要在赛前做些热身：快走 10 分钟，在进入分区前做 3 组或 4 组 20 秒跨步跑。如果跑完还有点儿力气的话，再走上 10 分钟，最要紧的是记得补水和好好休息。

04
半程马拉松训练
及比赛

HOW TO
CONQUER ANY
RACE AT
ANY
DISTANCE IN
ANY ENVIRONMENT
AND
HAVE FUN
DOING IT

半程马拉松是我目前主要参加的赛事。《跑者世界》之前的一个专栏作家约翰·宾厄姆（John Bingham）曾经这样说过半程马拉松：一半的距离，双倍的乐趣。我有很多爱上半程马拉松赛的理由，其赛事众多，可以有很多选择。根据美国跑步协会（Running USA）的统计数据，在美国每年至少有 2 700 场半程马拉松赛事，完赛者接近 200 万人次。

我第一次参加的半程马拉松赛是在 1980 年，当时还不叫半程马拉松，而是"迷你马拉松"，场次也不算多。几年后，我发现费城长跑比赛（Philadelphia Distance Run）还处于起步阶段，它现在是费城摇滚半程马拉松赛（Rock'n'Roll Philadelphia Half Marathon）。这是我最爱的赛事之一，距离我住的地方只有 60 分钟的车程。这场赛事见证了跑步领域如何花了很长时间才最后确定了半程马拉松这个命名。

跟主流的 5 公里、10 公里和马拉松赛事不同，半程马拉松没有被纳入奥运会，尽管近几年来有人提出要把半程马拉松列入奥运会正式比赛项目，但半程马拉松并没有被广泛地推广和接受。对我来说，它的名字就是半程马拉松，我从来没有认为它是谁的一半什么的。我听到很多人想要给它改名，也起了各种各样的绰号，因为现在的名字好像有某种暗示，完成这样的距离也没那么有成就感。但是我觉得还是不要去理会。没错，它就是半程马拉松，是一个值得为之训练备战的完整比赛距离。只要完成比赛就是一项完整的成就，而不是什么一项成就的一半。

　　跑者们应该在参加全程马拉松赛之前先征服半程马拉松，我也经常看到首次参加半程马拉松并完赛的人之后直接就参加了全程马拉松。为了在马拉松中可以跑得更快，有经验的跑者理应在半程马拉松中跑得更快。半程马拉松中的表现可以比较准确地预估出全程马拉松的成绩。对那些需要努力应对工作和生活压力的人来说，半程马拉松备战训练的时间相对而言要比全程马拉松少很多，但是半程马拉松训练获得的效果还是非常全面且很有成效的，这是个折中的好选择。另外，半程马拉松的体力消耗也不是最大的，受伤的风险也要低不少。

半程马拉松经典赛事

　　很多马拉松赛事都增加了半程马拉松，以便吸引更多参赛者，提高参与度。事实也证明，半程马拉松的名额会比全程马拉松的更容易被抢光。我很赞赏那些可以提供灵活性比赛的赛事，比如 7 月份在旧金山举行的马拉松，参加半程马拉松的选手们既可以选择参加前半程，这一段赛道横穿金门大桥，风景如画，也可以选择参加后半程，这一段赛道平坦，更有机会跑出个人最好成绩。

　　我总能记得每年 1 月份举行的迈阿密半程马拉松，我参加过好几次。一般是在早上 6 点 15 分左右起跑，户外还很黑。当跑到南部海滩的时候，你能看到很多刚从夜总会玩乐出来还没有来得及回家睡觉的人们，他们要赶在 7 点之前出来上车，之后就会封路，然后立刻就有成千上万名跑者像潮水一般涌来。这两种人群的汇合非常奇妙，一边是每晚 9 点就上床睡觉的自律健康人群，另一边则是从来不会这个点上床的派对党们。大家的生活方式如此不同，当时的情景非常有趣，派对党们因为封路被拦住了，干脆开始给我们喝起彩来。

并不是所有的半程马拉松都很受欢迎，因为很多半程马拉松是和全程马拉松同时进行的。纽约路跑协会（New York Road Runners）举办的布鲁克林半程马拉松赛是全美最大规模的半程马拉松赛事，有 27 000 个参赛名额。2017 年，仅仅 26 分钟名额就全部被抢光，这可比拿到碧昂丝演唱会门票还难。为什么这么多人想参加布鲁克林的比赛？我想最吸引人的是比赛的路线安排：先跑过展望公园，穿过古老的市区中心，再经过布鲁克林博物馆，沿着海洋公园大道跑，最后到达著名的科尼岛木板路。此外还有海滩、木板路、热狗、啤酒、过山车……跑完一场半程马拉松之后，你还会想要点什么呢？整条路线的前半程会有几个小山坡，后半程则比较平整，可以跑快点儿。

无论你参赛目的是想增加一次比赛经历，还是为了跑个更好的成绩，都不影响你找到最合适的配速。关键是看好日程表，要让自己能有足够的时间去做准备，如果这是你的第一个半程马拉松就更要注意了。假如你已经有很好的跑步基础，那么大概需要 10 周的训练时间。如果你只是把本次比赛作为全程马拉松赛事的过渡，那么最好是能从你的训练计划中安排 3~4 周来准备这次半程马拉松。

**亚索
锦囊**

首次参加半程马拉松的贴士

　　如果这是你首次参加半程马拉松赛，那么这在你的跑步生涯中将会是重要的一步。在跑这个距离之前，你在训练中需要考虑到以下几件非常重要的事情，即如何补水、如何补给、如何恢复。如果你以完赛全程马拉松为终极目标，那就更应该要从现在开始学习。

　　以下是参加半程马拉松赛事需要考虑的 8 个关键点：

1. **最重要的是打好基础。**如果你已经持续训练，并且参加过几次 5 公里或者 10 公里的比赛，你应该已经有了一些跑步基础。在准备参加半程马拉松比赛之前，要保证每周跑 3 次以上，并且能在一周内轻松跑够 24 公里。如果你现在还不能达到这个标准也没问题，可以逐渐安全地跑到这个量，并在能持续 3 周后再来考虑增加跑量和速度训练。保持一致性是长期跑步成功的关键，所以请拿出足够的时间来安全锻炼，以达到一个能承担更多负荷的标准。不要急，长距离跑步就是需要你有耐心。

2. **要用更长的距离来训练。**训练中不需要跑一整个半程马拉松的距离，即 21.0975 公里，但是你必须学习如何一次跑完 18 公里。如果你在执行一个结构很好的计划，慢慢地就可以很容易地用轻松跑的配速跑完这个距离，这里说的是你可以一边跑一边谈话的强度。说到这儿可能很多新手跑者都很奇怪，为什么他们不需要在比赛之前至少跑一次完整的半程马拉松距离呢？这是因为对于新手来说，21.0975 公里会使得双脚的负荷太大。你也不需要在赛前真的跑上一次才相信自己真有能力跑完半程马拉松，请相信我，如果你能跑 18 公里，你就一定能跑完半程马拉松！

3. **找到适合你的补给。**现在你长跑的距离变得更长了，因此是时候考虑跑前的补给了。你需要在长距离跑之前考虑早餐吃什么以及什么时候吃。一定要吃早餐，尽管一开始你可能有点不太适应，但是要认识到长距离跑会消耗很多卡路里，所以必须要让你的身体系统适应，这也是训练的一部分。营养和补给是非常个性化的需求，需要你自己多实践才能找出什么食物对你来说最合用的。跑步 2 小时之前要吃下富含易消化的碳水化合物的早餐，热量为 250~300 卡路里的蛋白质，以及一些水。但我还是要强调，你要找到最适合你的食物，那些适合你朋友的不一定同样适合你。

4. **训练中需要补水。**因为你跑的距离越来越长，在跑的时候就需要带一些水或运动饮料。市面上有很多适合带水的装备，从手持水壶到配有水袋的背心等。有些跑者住的地方有直饮水设备，或者也可以把水壶搁在沿途的灌木丛里。要记住，补水对你保持跑步状态和健康水平非常重要。

5. **你可能需要准备些小吃。**跑步或比赛时间一长，就更需要在跑步过程中补充糖原储备，这样你才不至于遭遇到传说中的可怕的"撞墙"。如果你需

要持续跑步在 60 分钟以上，请考虑带 30~60 克
的碳水化合物，每隔 20 分钟吃一次。市场上有很
多超乎你想象的各种适合耐力运动的补给品，关
键是要看你需要多少，以及哪一种能让你的肠胃
更容易接受。能量胶使用起来最为方便，通常里
面也会添加电解质。我不太赞成同时饮用运动饮
料和能量胶，这样的话碳水化合物太多，会超出
身体需求；而且这个组合的单糖含量太高，容易
导致消化系统不适。如果你使用能量胶或者咀嚼
片，可以配合饮用纯净水，免得肠胃出事。

6. **高强度跑步之后进食。**在超过一小时以上的高
强度跑步之后的 30 分钟之内吃点东西，让身体
开始恢复过程很重要。试着吃下一些食物，热量
控制在 250 卡路里左右，碳水化合物和蛋白质比
例约为 3∶1。这样可以帮助你的身体恢复以及
修复肌肉组织。这只不过是小吃，你的下一个大
餐应该包括更多营养、健康的碳水化合物和蛋白
质类食品，从而让身体持续进行恢复。

7. **充足的睡眠。**随着每周你的跑量日渐增加，确保
睡眠充足就更加重要了。只有在你睡觉的时候，
你的身体才有机会进行自我修复，以便能适应逐
渐增加的强度负荷。不要让自己睡眠不足，否则
你极可能生病或者受伤，也就使得你的训练完全
中止。我再次强调，持续的训练非常重要，如果
你生病或者受伤，就没法保证训练的持续性了。

8. 最后的演练。通过 10 个星期的训练，解决了速度调整、补给、补水等问题，你的身体也适应了增加的跑量。要确保你最后一次长距离跑是比赛日的演练。一大早按照比赛日需要的时间起床，吃同样的早餐，穿你比赛时要穿的衣服和鞋子，执行比赛日同样的补给和补水安排。如果有什么不对或者感觉不好，不要慌乱，这就是预演的目的，在你真正的大日子来临之前还有时间修正任何不妥之处。你已经跑得足够长了，身体某些地方难免有点儿擦伤的痕迹，用凡士林或者其他市面上的类似产品在那些不太舒服的地方涂抹润滑，可以避免伤痛。

费城长跑赛

我对费城长跑赛（Philly Distance Run，PDR）可谓情有独钟。它在 2010 年之后改名称为费城摇滚马拉松，在被竞争对手公司（Competitor Group）收购之前，它是我最爱的长跑比赛，也是我人生最早参加的半程马拉松赛之一。

在 20 世纪 70 年代末期，费城长跑赛吸引了当时很多里程碑式的跑步天才。这是拉塞·维伦（Lasse Viren）曾经跑过赢过的地方，他来自芬兰，是当时的传奇人物，获得过 4 块奥运会金牌。还有琼·本诺伊特·萨缪尔森（Joan Benoit Samuelson）也参加过这个比赛，她是 1984 年奥运会马拉松的金牌得主，那届奥运会首次把女子马拉松比赛列入比赛项目。作为 1983—1985 年的三连冠得主，她曾经两次刷新了半程马拉松的世界纪录。在后来举行的比赛中，还有蒂娜·卡斯托尔（Deena Kastor）在这里打破过美国纪录，另外来自新西兰的金·史密斯（Kim Smith）则在这片美国的国土上跑出了惊人的 1 小时 7 分钟 11 秒的成绩，从而成了世界上女子半程马拉松跑得最快的人。

简单来说，这场赛事通常会安排在 9 月中旬，除非有像教皇一样的人物来访才会调整，如 2015 年那届因教皇来访就推迟到了 10 月份。这个半程马拉松赛事有一种快速赛道的因子，能让所有人都跑得快。对于那些备战秋季马拉松赛事的跑者来说，在日程表上把这儿安排为一次调整和热身的过渡赛事再合适不过了。如果你计划参加 11 月份的费城全程马拉松，那就一定要认真考虑这场半程马拉松赛事。

我非常喜欢这里的赛道，不仅仅是因为它很平坦可以跑得很快，这不算是特色，其他比赛也有类似吸引人的特点。比赛路线安排了从本杰明·富兰克林大道出发，然后经过费城的市中心。沿途要经过很多历史圣地：市政厅、艺术馆、凯莉大道（Kelly Drive）上的船屋（boathouses）等。对于涌在博物馆和市政厅之间的跑者们来说，不管朝哪个方向看去，风景都是如此美丽，像画儿一样。美国第一个有记载的居民区就是在费城，也就是在第二条大街和特拉华河（Delaware river）之间的艾尔弗兰斯巷（Elfreth's Alley），这是美国自 1702 年开始就有记载的第一个大街地址。那儿还有独立钟（Liberty Bell），贝齐·罗斯夫人故居（Betsy Ross's House）等，所有这些美国历史的神奇片段就在费城。

当你从市中心一路跑过来，你就会沿着这条河前往赛道标志性的那

段 10 公里赛程。这条河的东侧凯莉大街，西侧是马丁·路德·金大街
（Martin Luther King Jr. Drive），是最经典，也是最被人津津乐道铭记在
心的一个路段。达到终点线之前有一点上坡，你能注意到这个坡也是因
为你已经在这么平坦的道路上跑了很长时间，你的肌肉甚至可能会欢迎
这小小的提升。你马上就要到终点了，享受掌声吧！

费城长跑赛参赛贴士

1. 和其他大型赛事一样，停车也是件麻烦事，如
果你不是住在附近某个旅馆里，那就提前想好停
车的计划，比赛当天早上务必留给自己足够的时
间。赛事的官方网站上有详细的停车点和交通说
明，请仔细阅读。

2. 此次半程马拉松大概有 16 000 名跑者，有明确
的分区起跑安排。尽管需要花上一段时间才能让
每个人都离开起跑线，但至少不会浪费时间与周
围的人群穿插抢道了。起跑后街道非常宽敞，你
有足够的空间发挥，前面还有 21 公里的路程需
要完成，所以请一定要保持耐心。

3. 比赛起点在埃金斯椭圆广场（Eakins Oval）。在
去你所属的起跑区检录之前，应该找个足够大的
地方进行热身。要确保你有时间去洗手间、存包，
然后慢跑 10~15 分钟，再来几组跨步跑，为接
下来的比赛做好准备。一切准备妥当的话，就进
入到你的分区里去吧。

4. 这里的赛道非常适合匀速跑。如果你在赛前训练过，那就完全可以提前到达目标配速，因为地势几乎没有任何变化，根本不用考虑赛道的坡度；转弯处也都非常缓，不会有任何的急转弯，所以没有什么特别需要担心的。

5. 留点儿精力准备赛后的活动，你绝对会想展现自己身上"摇滚"的一面。在艺术馆的台阶上面好好摇滚一把，然后像电影里那样用胜利的姿势张开你的双臂。

《跑者世界》半程马拉松

当我被叫来帮忙筹办《跑者世界》半程马拉松的时候，我希望这场赛事能够真实地展现出宾夕法尼亚州的伯利恒。尽管我一直在世界各地旅行，但伯利恒是我的家乡。邀请跑步业界的同人们来到我的家乡是特别有意义的，我们设计了为期 3 天的活动来庆祝这次赛事，因为这既是一场跑者参加的比赛，更是一场跑者自己筹办的比赛。

我们选择了半程马拉松的距离来举办这场赛事，因为我们想要呈现一种节日般的氛围。如果人们来参加的是全程马拉松，那么他们就需要在赛前得到充分休息，赛后也会因为太累了什么也做不了，这好像是一种洗礼。半程马拉松既有一定的挑战性，同时还可以让跑者们有时间在赛前看下电影，参加专题讨论会或者我们办的讲座等，不会觉得太累。星期五那天，我们有一个 6 公里的越野赛，星期六有 5 公里和 10 公里赛，星期日则是半程马拉松。跑者们可以选择上演帽子戏法连跑 3 场，即 5 公里、10 公里、半程马拉松，或者只来个"五分加一毛"，即 5 公里和 10 公里，或者索性参加所有的比赛，玩一个大满贯累加起来正好就是一个全程马拉松的距离。所有人都能找到他自己适合的比赛，包括儿童和宠物。如果你喜欢一种温暖且毛茸茸的感觉，喜欢看到欢笑，那就不要错过儿童和宠物比赛，这里到处充满了可爱的小身影。

我在 2012 年设计了这个半程马拉松赛道。伯利恒有很多好的元素——美丽、风景、历史感。那会不会有什么不好的呢？有，这儿不够平。无论你朝哪个方向跑，都是上山，所以说这个半程马拉松赛事有一定的挑战性。我给跑者们举例说，就好像煎饼是平整的，但是我也会喜欢在煎饼上加点儿蓝莓。当然有些人会提出质疑，认为我在煎饼上放的其实更像是西瓜。总之，赛道上的这些小山丘都不会太长，也不会太陡，把它们加起来才算是有点儿难度。跑者们不会拒绝一个好的挑战，所以我们能看到很多人每年一次次地回来参赛，每次都想着可以跑得更好一些。

比起这些小山丘，这个赛事还有很多其他方面值得说道。比赛安排展现了美国的历史。起点和终点都放在前伯利恒钢铁厂巨大的阴影里，正是在这里出产的钢铁成就了美国，国家的脊梁在这里锻造。你会经过 1741 年的原始城镇定居点，那里曾经是摩拉维亚人（Moravians）在利哈伊河（Lehigh River）和莫诺凯西河（Monocacy Creek）最早安家的地方。你还会跑过摩拉维亚学院（Moravian College），该学院是一个当时年仅 16 岁的女孩亲岑多夫伯爵夫人（Benigna Von Zinzendorf）于 1742 年创办的。整个周末赛事的总部就设在翻修过的伯利恒钢铁厂与钢铁烟囱艺术园区内。

这场比赛的独特之处在于，当时《跑者世界》所有编辑和员工们都来参加了比赛。他们整个周末都在现场，或在研讨会上，或在签书仪式上，或在赛前的意大利面午餐会里。对跑者来说，这是个极好的机会，能见到这些一直活跃在幕后的人们。他们很乐于向全世界介绍自己每天跑步和训练的地方。他们中很多人参加过众多比赛，也渴望和读者见面，所以不妨把他们找出来，然后好好聊一聊。

《跑者世界》半程马拉松参赛贴士

1. **训练山路。**和别的比赛不同，要参加这个比赛，我强烈建议你们每周都加入一些山路速度跑训练。一定要在日常长距离训练中加入一些合适的上坡路段，当然不要忘记下坡跑的训练也是一样重要。总之，既然有上坡就会有下坡，你要充分锻炼股四头肌以应对比赛日。

2. **开始要放慢。**这个赛道比较适合跑出后程加速，也就是后半程比前半程快。如果你前半程的配速比目标稍慢几秒，你可以在后半程跑得更猛点儿，因为赛道后半程大部分都是下坡。

3. **记住这 3 个斜坡。** 整个赛道沿途你会跑过很多个斜坡，但是下面 3 个主要的山坡要记住：第 5 公里那儿，离第 11 大道的山坡只差一个街区。第 8 公里那儿，前面是康纳斯维尔（Choenersville）大道，有将近 800 米的上坡。第 11 公里那儿，马上就是一段 400 米长的上坡路，这条路是伊利克的磨坊路。

4. **身体感知的强度比配速更重要。** 当你在跑这么一段起起伏伏的赛道时，你需要专注于你身体感知的强度，而不要去看手表上显示的配速。只要你能在跑那些山坡时维持同样强度，配速就差不了。

5. **留点时间给星期五和星期六。** 就算你不打算参加这两天举行的任何其他距离的比赛，也要请你留出点儿时间看看孩子和宠物狗的比赛。相信我，这绝对是世界上最可爱的比赛。孩子和狗狗们用一个特别的方式提醒我们所有人：原来跑步可以如此让人快乐！

6. **和编辑们一起吃晚餐。** 想想你能有多少次机会和《跑者世界》的编辑们一起吃一顿晚餐呢？估计绝无仅有吧？我们赛前的意大利面晚餐和别的赛事不同，所有的编辑们都在现场和参赛者们一起吃饭，同时回答大家的问题，分享赛前兴奋的感觉，也和其他的选手们一样在为半程马拉松做准备。

半程马拉松备赛训练

为半程马拉松做准备是一种承诺，但并不像一些较长距离的赛事那样，让人难以承受。对于新手来说，逐渐增加跑量会消耗卡路里，让自己身体状态更佳。对于有经验的跑者来说，半程马拉松训练有助于在更长距离的比赛中有更好的表现。因为稍短距离的训练会要求跑者更强，速度更快。

那些想在这种距离赛事中提高成绩的跑者，需要在训练中把注意力放在高质量的节奏跑上。在这部分训练中，当你用半程马拉松的配速跑完 5~12 公里的时候，会帮助你提升在身体不舒服状态下保持耐力和速度的能力。

当你参加半程马拉松备赛训练，想通过增加跑量来达到半程马拉松目标配速时，有些事情需要你先考虑到：

首先，要特别注意休息和恢复。你需要让你的身体能适应新的负荷，接受你给它的新安排。这些都需要你保证充分的休息，每隔几周就需要适当地降低跑量以得到充分休息。

其次，半程马拉松备赛训练也需要注意营养，补充能量水分。随着跑量不断增加，为了维持相应的负荷，身体的糖原储备很快会被消耗掉。营养丰富、天然的食物是你膳食的最佳选择。在完成 60 分钟或更长时间的训练后，记得务必要在 30 分钟内补充一些含有高碳水化合物和蛋白质的食物。在长距离跑步开始之前、过程之中以及之后，补水都是非常重要的。不需要喝太多，但是一定要让自己不会感觉到口渴，且尿液呈淡黄色为好。

最后，对于半程马拉松的新手跑者来说，在开始为期 10 周的备战训练之前，你每周的跑量要够 24 公里。对于有经验的跑者来说，每周跑量至少需要 40 公里。原则上每周跑量较上周增幅不超过 10%。

**亚索
锦囊**　　**亚索最看重的跑坡训练**

　　无论备战什么距离的比赛，我都会进行跑坡训练。这个方法非常有利于锻炼力量和矫正跑姿。相对于速度训练来说，它的冲击更小一些。不过要记住你的训练目的，不要选择太陡的坡，也不需要跑得太快。

　　跑坡训练的形式有很多种，如：

▶ 长距离重复跑坡训练

▶ 短距离重复跑坡训练

▶ 山坡跳跃跑

▶ 下坡跨步跑

　　下面我介绍一个标准的备战半程马拉松的跑坡训练方法，平时我也会用在别的日常训练当中。记住，每次训练都需要做好跑前热身和跑后放松，我建议热身和放松时都轻松跑 3.2 公里。如果你想增加一点量也是可以的，请自己斟酌。

　　1. 找到一个山坡，大概需要费力跑 2 分钟能到顶的，不需要冲刺跑的那种，不应该太陡，但是还是要有点儿难度。

　　2. 在坡中间做一个记号，这是为短距离重复跑做的标记。

3. 做 4 组短距离跑，冲刺跑到半坡处，然后再慢跑下坡回到起点。

4. 做 4 组长距离跑，尽力跑到坡顶，再慢跑回到半坡处，然后冲刺跑到坡底。注意你冲下去的跑姿，双眼向前看，不要向下看，脚踝处稍稍向前倾，像个跳台滑雪者一样。当你跑下坡的时候，要克服自然倾向，不要向后仰。缩小步幅，加快步频。

5. 再做 4 组短距离跑坡。

新手半程马拉松训练计划

以安全完赛为目标，没有太多时间要求。

	星期一	星期二	星期三	星期四	星期五	星期六	星期日
第1周	4.8 公里轻松跑	休息	4.8 公里轻松跑	休息	8 公里轻松跑	休息	6.4 公里轻松跑
第2周	4.8 公里轻松跑	休息	4.8 公里轻松跑	6.4 公里轻松跑	休息	4.8 公里轻松跑	9.6 公里轻松跑
第3周	休息	4.8 公里轻松跑	6.4 公里轻松跑 + 2 组 20 秒跨步跑	4.8 公里轻松跑	休息	4.8 公里轻松跑	11.2 公里轻松跑
第4周	休息	6.4 公里轻松跑	4.8 公里轻松跑 + 4 组 20 秒跨步跑	8 公里轻松跑	休息	6.4 公里轻松跑	12.8 公里轻松跑

第5周	4.8 公里轻松跑	4.8 公里轻松跑	休息	8 公里轻松跑	休息	8 公里轻松跑	11.2 公里轻松跑
第6周	4.8 公里轻松跑	6.4 公里轻松跑	休息	4.8 公里轻松跑 + 4 组 20 秒跨步跑	交叉训练30 分钟	8 公里轻松跑	16 公里轻松跑
第7周	休息	6.4 公里轻松跑	6.4 公里轻松跑	8 公里轻松跑 + 4 组 20 秒跨步跑	休息	6.4 公里轻松跑	17.6 公里轻松跑
第8周	休息	6.4 公里轻松跑	8 公里轻松跑 + 4 组 20 秒跨步跑	休息	6.4 公里轻松跑	6.4 公里轻松跑	16 公里轻松跑
第9周	4.8 公里轻松跑	6.4 公里轻松跑	休息	3.2 公里轻松跑 + 4 组 20 秒跨步跑	交叉训练30 分钟	4.8 公里轻松跑	9.6 公里轻松跑
第10周	休息	6.4 公里轻松跑	4.8 公里轻松跑	4.8 公里轻松跑	休息	20 分钟轻松跑 + 4 组 20 秒跨步跑	比赛日

轻松跑：可以维持长时间跑的配速，用这个配速一边跑步一边对话不会存在问题。

快速跑：在平地上做这个练习，逐渐加速到最大运动强度的 90%。每组之间要充分恢复。

休息：完全休息，或者做 30 分钟无强度或低强度的有氧运动，如骑行、椭圆机训练或者游泳。

进阶半程马拉松训练计划

适用于每周跑量至少 40 公里，且至少有一次 10 公里以上比赛经验的跑者。

	星期一	星期二	星期三	星期四	星期五	星期六	星期日
第1周	6.4 公里轻松跑	6.4 公里轻松跑	休息	9.6 公里法特莱克训练：3.2 公里热身，10 组 2 分钟 10 公里比赛配速跑，组间 90 秒轻松跑，1.6 公里冷身	休息	6.4 公里轻松跑	12.8 公里轻松跑
第2周	6.4 公里轻松跑	6.4 公里，跑速比轻松跑稍快，跑山路	休息	8 公里法特莱克训练：1.6 公里轻松跑，3.2 公里：2 分钟 5 公里比赛配速跑＋1 分钟轻松跑，3.2 公里轻松跑	休息	8 公里轻松跑	14.4 公里轻松跑
第3周	9.6 公里轻松跑	休息	8 公里山路跑	12.8 公里配速训练：3.2 公里轻松跑，4.8 公里半程马拉松配速跑，4.8 公里轻松跑	休息	9.6 公里轻松跑	16 公里轻松跑
第4周	8 公里轻松跑	9.6 公里：3.2 公里轻松跑，12 组 20 秒上坡（坡度 10%）冲刺跑，组间下坡慢跑恢复，3.2 公里轻松跑	休息	12.8 公里配速训练：3.2 公里轻松跑，6.4 公里半程马拉松配速跑，3.2 公里轻松跑	休息	9.6 公里轻松跑	19.2 公里轻松跑
第5周	9.6 公里轻松跑	8 公里山坡训练法（参考亚索最看重的跑坡训练）	休息	14.4 公里速度训练：3.2 公里轻松跑，8 公里半程马拉松配速跑，3.2 公里轻松跑	休息	9.6 公里轻松跑	20.8 公里轻松跑

第6周	8公里轻松跑	休息	9.6公里，跑速比轻松跑稍快，跑山路	9.6公里轻松跑	12.8公里配速训练：3.2公里轻松跑，6.4公里半程马拉松配速跑，3.2公里轻松跑	8公里轻松跑	24公里轻松跑
第7周	休息	9.6公里轻松跑	12.8公里山路跑，跑速比轻松跑稍快；或者找10%的坡度做如下训练：3.2公里轻松跑，24组20秒上坡冲刺跑+组间下坡慢跑恢复，3.2公里轻松跑	11.2公里轻松跑	休息	11.2公里轻松跑	16公里配速训练：3.2公里轻松跑，9.6公里半程马拉松配速跑，3.2公里轻松跑
第8周	休息	14.4公里"亚索800"速度训练：3.2公里轻松跑，6组800米10公里比赛配速跑，组间400米恢复，3.2公里轻松跑	9.6公里轻松跑	12.8公里配速训练：3.2公里轻松跑，8公里半程马拉松配速跑，1.6公里轻松跑	休息	9.6公里轻松跑	20.8公里轻松跑
第9周	9.6公里轻松跑	休息	11.2公里轻松跑	12.8公里配速训练：4.8公里轻松跑，6.4公里半程马拉松配速跑，1.6公里轻松跑	休息	9.6公里轻松跑	12.8公里轻松跑
第10周	6.4公里轻松跑	6.4公里法特莱克训练：1.6公里轻松跑，3.2公里：1分钟5公里比赛配速跑+1分钟轻松跑，1.6公里轻松跑	休息	6.4公里轻松跑	休息	20分钟轻松跑+4组20秒跨步跑	比赛日

休息：完全休息，或者做 30~60 分钟的无强度或低强度的有氧运动，如骑行、椭圆机训练或者游泳。

如何参加半程马拉松赛事

对于半程马拉松新手来说，他们的目标应该是快乐、健康、坚强地跑完全程。这样的距离不需要做热身，可以在起跑后的最初几公里逐步进入状态。起跑的时候配速要保守一些，最初 10 公里要感觉轻松，然后用同样的强度感觉跑完后半程。还是那句话，唯一的目标就是完赛，不要担心自己跑得慢。

对于有经验的跑者来说，则取决于你当天的参赛目标以及比赛的路线情况，因此可以采用多种不同的策略来参赛。

1. **热身。**和其他比赛一样，多给自己预留一些时间早点儿到达现场是非常重要的。尽管这种比赛的距离比较长，在进入你的起跑分区之前做一些热身总是有益处的。有经验的跑者可以慢跑 15 分钟，然后比赛快要开始前再做 6 组 20 秒的跨步跑；如果新手也想热身，那就很慢地跑上 10 分钟，或者快步走 10 分钟，比赛开始之前再来 4 组 20 秒快速跑。慢跑或快走要在比赛前的 30~45 分钟进行。

2. 开赛。随着比赛距离的延长，在起跑的时候关注配速变得越来越重要。在半程马拉松或者全程马拉松比赛中容易犯的最大错误就是起跑时配速过快。假设你所有的能量都存在银行里，一旦你用掉它们，就好像钱被花光一样，再也拿不回来了，所以在前半程的时候不要任性挥霍。从生理学上来说，你需要用稍慢于乳酸门槛的配速，即接近半程马拉松的配速来跑，跑得越久越好。这就意味着起跑时要比目标配速每公里慢 6 秒左右。

3. 比赛中间路段。从数学上来讲，我们一般说到半程马拉松的半程，指的是到达 10.5 公里左右的地方，但是从生理学和心理学上来说，最好把 16 公里作为半程马拉松的半程。我们需要做到起跑的时候配速比较轻松，到了半程的时候配速有点吃力但还可以控制。从起跑开始逐渐提高配速到第 10 公里左右，然后这个配速此时会感觉有点吃力但还可以维持，一直坚持跑到第 16 公里。

4. 结束比赛。到最后 5 公里的时候，维持配速会让人感觉更加吃力。但谢天谢地，你通过训练早已为此做好了准备，所以把训练中获得的那些成果都拿出来吧。你早就准备好了，现在就是和你周围的人一决胜负的时候。集中注意力在那些跑在你前面的人，然后努力超过他们。最后 1~2 公里之前要保留一点，之后就开始冲刺吧。

RACE EVERYTHING

05
全程马拉松训练
及比赛

HOW TO
CONQUER ANY
RACE AT
ANY
DISTANCE IN
ANY ENVIRONMENT
AND
HAVE FUN
DOING IT

跑完第一个 10 公里之后没多久，我开始对全程马拉松这样的长距离比赛产生了好奇。我的哥哥乔治相信我有能力做得更好，我受到了鼓励，充满信心，开始全身心投入，并决定报名参加下一年在宾夕法尼亚州伯利恒举办的预防马拉松（Preventio marathon）。这场比赛我用了 3 小时 13 分钟完赛。不到两个月，我再次报名参加了纽约长岛的 42.195 公里的马拉松比赛，这次的完赛成绩是 3 小时 6 分钟。

这就是马拉松的魅力，你必须多研究、多经历它，这样才能做得更好。从某些方面来说，它真的会让人着迷，似乎总有需要改进的地方，更好的比赛策略，让人想换一种训练方式备战下一场比赛，而这正是让我们这么多人回到赛道的原因。当时，25 岁的我决定把取得波士顿马拉松参赛资格作为我的下一个目标，这意味着我必须跑出 2 小时 50 分钟或者更快的成绩，这个成绩要求是针对当时 19~39 岁男子年龄组的。我开始进行举重训练，每周日增加了 32.2 公里的长距离跑，周跑量提高到了 145 公里。我是非常认真的。1981 年秋天，我已经做好参加费城马拉松比赛的准备。

那天的比赛我知道要管理好时间，我也真的做到了。计时器显示 2 小时 49 分钟 20 秒的时候，我看到了终点线。爸爸在终点线等着我，我在人群里找到了他。与此同时，和许多其他追求过波士顿马拉松参赛资格的人一样，我开始出现不适症状：痛苦、麻木、虚脱，以及强烈的呕吐感。最后，我以 2 小时 50 分钟 59 秒的成绩得到了参赛资格——只比要求的快了 1 秒。在 20 世纪 80 年代可没有什么计时芯片，你的比赛成绩就是冲过终点时计时器上的读数，而且，你还得等上几周才能收到组委会邮寄给你的一份官方成绩确认，那是写在明信片上的。难以想象，大多数参赛者无法在比赛现场知道即时成绩。这其实不算什么，还有更郁闷的事儿——在比赛枪响后还有几千名选手在起跑线后面排队等着。可不管怎样，我要去波士顿了，没有比参加波士顿马拉松让我更高兴的事了。

全程马拉松经典赛事

那个时候，40 岁或者年龄更大些的男选手得跑出 3 小时 10 分钟才能参加波士顿马拉松。对于女选手来说，她们不分年龄段，只要跑出 3 小时 20 分钟的成绩就能获得参赛资格。如果有人没有在 3 小时 35 分钟之内完赛的话，就没有成绩，不能作为一个波士顿马拉松完赛者被记录在成绩手册上，怎么说这都算是个残酷的事实吧。当然，那时也没有那么多人敢跑这么长的距离，所以时间要求自然要比以后要高。后来，有能力的人都把跑 42.195 公里，即全程马拉松的距离作为一个挑战目标，或者是人生清单里必须完成的一项挑战。现在的马拉松跑步运动欢迎每一个人。

尽管如此，跑出这个波士顿马拉松门槛时间依旧是许多参赛者梦寐以求的。这项运动的专业人士们有着为期 4 年的目标计划，希望先进入奥林匹克选拔赛并最终参加奥运会。而我们这些普通的跑友则一直希望能够参加波士顿马拉松，并为此痴迷。对一些人来说，这是一个容易实现的目标，但对另一些人而言，这就需要数年的训练和多次尝试。现在的情况则是，就算你跑出的成绩到了门槛，有时也并不意味着你就能拿到波士顿马拉松的入场券——你还得再快上几分钟才行。

虽然波士顿马拉松是美国历史悠久、最负盛名的马拉松赛事之一，但它并不是唯一值得我们尊重和关注的赛事。因为每年仅在美国就有 1 100 场这样的马拉松比赛。我想我可能已经跑过或者是参加过几乎所有的这些比赛了……至少看起来是这样。我的跑步生涯里有一些最为生动的回忆，就来自于我跑过的许多场 42.195 公里的赛事。多年来，我一直专注于我能够跑多快，最终，我跑出的速度还算不错，最好的个人成绩是 2 小时 40 分钟。随着年龄的增长，我遇到了很多的健康问题，比如莱姆病。我意识到还有比成绩更重要的事情：欣赏团队、风景，以及这种距离所代表的精神，更不要说准备并且完成比赛所带来的成就感，这些都是我一次次被马拉松吸引的原因。

纽约马拉松

我发现每一场 42.195 公里的比赛都有自己的特色和吸引力。纽约马拉松比赛感觉就像一场普通跑者的奥运会。赛道要穿过 5 个区，每个区都有自己的特色，有来自世界各地的参赛跑者，还有令人难以置信的观众支持。所有这些组合在一起，对每个人来说这都是非常特别的一场赛事。这简直就是跑步的"大熔炉"，来自 120 个不同国家的参与者齐聚其中。随后,当你跑过城市的各个区域——斯塔顿岛、布鲁克林区、皇后区、布朗克斯区和曼哈顿,一路经过的店面和街上欢呼的人们会让你一下子就清楚经过的是哪一个区。

我最喜欢的纽约马拉松赛段位于 24~26 公里之间,正好是跑上昆斯伯勒桥(Queensboro Bridge) 的时候。桥上非常安静,没有观众,也没有车辆,只有脚步落地时的声音。很难想象在这样一个巨大的、熙熙攘攘的城市中还能找到这么一个清静、安宁的地方,风和日丽的时候会呈现出让人难以置信的美丽。许多从未参加过纽约马拉松赛的跑者都评论说,在如此喧闹的赛事里能有这样一段赛道很是出人意料。

从没参加过这项赛事的人,在刚刚跑过昆斯伯勒桥之后,还会被他们马上将经历的场面给震住。他们不会想到在 26 公里的地方——正好一路下坡跑到曼哈顿第一大道会发生什么。突然之间,你直接从安静状态下跳出,面前是挤得像墙一样的人群,歇斯底里大声尖叫着为你加油。我不知道其他地方还有什么能和这相提并论,大概只有波士顿马拉松赛卫斯理学院那些女孩的喝彩声吧。喝彩声震耳欲聋,令人兴奋,这可能就是为什么有这么多人在经过第一大道时候跑得太快的原因。这情景就好像在世界职业棒球大赛的第 7 场第 9 局最后一棒打出了一个全垒打一样,满场都是极度兴奋的人,个个都在大喊大叫。

纽约马拉松参赛贴士

对于任何一个马拉松选手来说,至少得参加一次纽约马拉松。但这可不是一个容易的赛事,作为一个熟悉情况的人,我来说一下参加纽约马拉松的技巧：

1. **在赛前保存精力至关重要**。赛前那些天你需要安排好交通和食宿，不宜安排太多的活动，否则会消耗你的精力。当你想要享受你的纽约马拉松时，你得确保不会在比赛之前把自己搞得筋疲力尽。例如，赛前展览会规模很大，你要花几个小时才能转完一圈。在你抵达纽约之前就要把行程计划好，确保不会安排得太满。你必须安排一些时间段什么都不干，彻底放松自己，好好休息。

2. **为沃兹沃思堡的那个早上做好准备**。纽约马拉松比赛的当天同样很累，不只是因为你需要跑到中央公园进行这次 42.195 公里的挑战。2016 年的纽约马拉松有将近 51 400 名选手完赛，这也使得纽约马拉松成为世界上规模最大的马拉松赛事。不管怎样，所有的选手都必须先去斯塔滕岛（Staten Island），这意味着他们中的大多数人要在当天早晨本来就有限的时间内从下曼哈顿区坐渡轮过去。到那儿后，还得在运动员村待几个小时，直到通知你跑步分区，然后你再去费雷泽诺桥（the Verrazano Bridge）上的起跑区域。这意味着你需要预先安排好你的交通工具，准备好衣物、毯子，还有额外的一些食物，以便让自己能保持体温，身体干燥，肚子不饿，你还要准备好在整场比赛中要用到的所有补给。你可能需要在凌晨 4 点起床，那时离你开始比赛还有很长一段时间，但是提前做好安排还是非常重要的。我建议你带些杂志或者报纸来打发时间，甚至一副扑克牌也行。

3. **赛道不容易跑。**赛道要经过的 5 个区域风景很美，观众们的热情支持也是首屈一指，一路上跑友们之间相处也都非常融洽，但是整个赛道跑下来还是很有挑战性的。在整个 42.195 公里的赛道上一共要经过 5 座桥，且都具有一定的坡度，你得一路跑过去。第一大道有上坡，当你跑到第五大道时，就差不多到曼哈顿了，赛道一路又都是上坡。跑到中央公园和 59 街的时候，是最后的几公里了，那儿还是上坡。所有这些上坡让人有点头疼，如果单独跑上其中任何一个坡，都不会觉得很难，但是把所有这些斜坡都纳入一次马拉松里，你的腿就能明显感觉到坡度和难度了。

4. **第一大道真是个"坑"。**当你从昆斯伯勒桥（Queensboro Bridge）跑下来到达第一大道时，那场面跟迎接英雄差不多，成千上万的人冲着你喊"加油"，你周围的其他参赛者这个时候都会有加速的自然反应，你也会开始越跑越快。不要上这个当，现在就"踩油门"还早了点儿。人们给你鼓劲儿这挺好的，但你不要真的发力。在第一大道就开始加速的人，最终会在布朗克斯（Bronx）那儿苦苦挣扎。

5. 享受最后的 200 米。很少有马拉松的终点线能像中央公园绿苑酒廊〔Tavern on The Green〕前的终点线那样富有历史意义和感召力，在这里每个跑者都好像摇滚明星一样受到欢迎。环顾四周，投入其中，举起双手在空中摇摆，情不自禁地微笑着，这是作为一个跑者一定要体验一回的经历。然后，你要准备好进行这个国家最长时间的马拉松赛后放松活动。在你顺着中央公园西路离开公园，走向那一大片家庭团聚区找到你的亲人之前，你得走上一段路。但是不要紧，你的名人身份刚刚开始，戴着那枚完赛奖牌，不管你去到哪儿，都有人向你挥手，你很可能在地铁站十字转门那儿向外挥手，或是在排队等出租车的时候挥手。纽约的这一天是你的，好好庆祝吧！

波士顿马拉松

　　我第一次参加波士顿马拉松比赛是在 1982 年，当时大多数跑步爱好者都还记得艾伯托·萨拉查（Alberto Salazar）和迪克·比尔兹利（Dick Beardsley）之间的"阳光下的对决"[①]：那一天晴空万里，阳光灿烂，气温接近 21 摄氏度，他们一路奋战到最后 46 米。萨拉查以 2 小时 08 分 51 秒赢得了那场比赛，这个成绩也创造了当时新的赛事纪录——在那个年代只有两位男子能跑进 2 小时 09 分。比尔兹利仅仅落

[①] 这个赛事在《路跑之王》中有精彩的呈现。《路跑之王》中文简体字版已由湛庐文化策划、浙江人民出版社出版。——编者注

后 3 秒完赛。在波士顿，这是一个激动人心的时刻，我首次参赛就遇到这一著名的赛事，获益匪浅。

我首次跑波士顿马拉松学到的最重要的一课是，在你出发之前，你必须弄清自己想要一场什么样的经历。如果你以前从未参加过这项赛事，你很难想象得出自己在现场的反应。整个赛事的传统、盛况、环境，以及遍及整个城市的重要性和骄傲感是如此的真实。当你终于兴奋地处于比赛之中成为其中一份子时，你几乎不会意识到周围这一切对你的影响是如此之大。

无论你走到哪里，你都会被当成一个跑步的超级英雄，我们当中的大多数人以前都没有类似的体验。当你在马拉松比赛日那个星期一登上去霍普金顿（Hopkinton）的大巴时，老实说你已经开始消耗你的精力了。

1982 年，我非常忙碌，参加了所有的研讨会。我赶去了比尔·罗杰斯（Bill Rodgers）① 的跑步用品商店，然后又决定去参观自由之路（Freedom Trail），逛了水族馆，之后去欢呼酒吧。这些都是我想要做的事，但在跑 42.195 公里比赛前几天把这些事都做完，对于我完成一个最好的比赛可没什么帮助。虽然我感觉自己能跑到 2 小时 45 分钟，但我也就勉勉强强跑进 3 小时内。对于一些跑者来说，这样也没问题。他们的目标就是获得波士顿马拉松资格，而参加波士顿马拉松比赛本身就是一种庆祝形式，开心才是最首要的目的。在你抵达之前搞明白这点很重要，你要在比赛时有这种心理准备，这样就能避免挫折感，在博伊尔斯顿街（Boylston Street）觉得跑不动的时候也不会有失败的感觉。

---

① 比尔·罗杰斯，被誉为"波士顿比利"，赢得了 4 次马拉松比赛冠军。

无论你决定要把什么事情排在前面考虑，在比赛日封路之前请留点时间安排一个重要的庆祝仪式：去终点线那儿拍点照片；去看看著名的博伊尔斯顿街，想象一下，在最后一段左拐弯时，成千上万的人为你欢呼喝彩，仿佛你就是第一名似的。许多跑者梦想着要去做的事情，是你马上就能实现的，而你很可能也无数次梦到这个场景。你已经实现了梦想，所以，在你到达跑圈最负盛名的终点线前的时候，给自己一些时间去享受它吧。

我第一次参加波士顿马拉松时是我人生的第 4 个马拉松。从当年 1 月 1 日开始，我按照一个很棒的方法进行训练。波士顿赛道上的那些山坡名声在外，所以在我完成典型的基础训练之后，我把重点放在了跑坡训练上，然后再附加一些速度练习。你可能已经注意到，在我所有的训练中我都建议加些跑坡训练，但是针对波士顿马拉松的训练，我尝试模拟波士顿马拉松赛道上的山坡出现的时间去准备。波士顿马拉松赛道的山坡出现在 22.4 公里以后，我要为 25.6 公里左右出现的牛顿山做好准备，然后结束于 33.6 公里左右出现的心碎坡。

在比赛中，跟大多数首次参赛的新手一样，我也意识到我没有做足够的下坡跑练习。当我跑进牛顿山的时候，我的股四头肌非常酸痛，这是比赛前半程那些下坡路段造成的。很少有人刚出门跑步，就遇到一个 3.2 公里的下坡路，不过基本上波士顿马拉松赛道就是这样子。

我第二年的波士顿马拉松比赛成绩比第一次快了 19 分钟。也许是因为 1983 年的天气比较凉爽，但我想这更多的是因为我对赛道的认识比以前有了一些进步，我在长距离跑开始阶段就去做一些下坡练习。如果你想要在波士顿马拉松比赛中跑出好成绩，那么早点学会如何处理那些下坡路段是非常重要的。

亚索锦囊

亚索的波士顿马拉松特训

在星期一的波士顿马拉松比赛中，想要得到一个成功的比赛结果，关键在于你的股四头肌是否能经受住如此多的下坡路段，尤其是心碎坡那段。老实说，如果你没有做好准备让身体适应这些下坡冲击的话，跑完前面几个坡受到的伤痛会让你在后面的比赛中承受更多的疼痛。

这里我给出一个关键的训练计划，可以让你的股四头肌经受住波士顿马拉松赛道的冲击。在比赛开始前3周进行这个训练，这个训练日之后紧接着安排长距离跑，并且这个训练日前一天不要安排其他任何重要的速度训练。

1. 放松跑3.2公里热身，在山坡顶上结束，花1~2分钟用较快配速跑下来。这个坡应该是比较陡的，但你仍然可以用适当的配速控制住。
2. 用大约5公里的比赛配速快速跑下山坡，重复6~10组，组间慢跑回到坡顶。
3. 放松跑3.2公里以冷身。

这种训练大多数人不会感觉困难，跟一个典型的速度训练不同，强度不会那么大。需要注意的是，如果你训练方法正确，股四头肌会开始有酸痛感。如果真的发生了这种状况，训练任务就算完成了。你的肌肉会有点短期损伤，会酸痛几天，可以放松跑跑直到疼痛消失，差不多需要3天时间。

你只需要进行一次高强度的下坡跑练习就能在比赛当天起到保护作用，这可以降低你的股四头肌在星期一那场马拉松比赛中受伤的概率。当然，你还是需要对这种距离表现敬畏。你如果能轻松跑过前半程比赛那些山坡的话，你会在 28.8 公里处好好感谢自己的。

正如我前面提过的，我第一次参加波士顿马拉松比赛的那个周一，阳光明媚、天气暖和，赛道上仅有一点树荫。如果你是在冬季进行大部分训练，那么你的身体系统真的很难适应这种天气。不过，波士顿的天气变幻莫测：第一年天气很热，第二年又会刮大风。你永远不会知道在新英格兰 [1] 的春天里会遇到什么天气，而这也算是波士顿马拉松比赛的一种特色了。

我的建议是带上适合所有季节的装备，其实不仅仅是波士顿，几乎所有马拉松比赛都应该这样。如果阳光灿烂，你的皮肤表面温度会升高，保证体表凉爽的能力会因此减弱。你的血液会优先供给皮肤降温，跑步要用到的肌肉中血液含量自然就会减少。毫无疑问，阳光也会阻碍你的水合作用。当你排汗增多时，你的体液流失也会增加 [2]。

你怎样安排一些计划才能提前适应呢？说一下我的经历吧。1982年那一天，看到那种天气情况，我根本没有任何准备。我平时的大部分

[1] 新英格兰位于美国本土的东北部地区，包括美国的 6 个州。波士顿市是其中马萨诸塞州的首府。——译者注
[2] 出汗多会导致体液和电解质流失，从而影响身体内部水和电解质的平衡。——译者注

训练安排在上班前的上午 6 点，以及下班后的傍晚 6 点。这两个时间段天色都很黑，所以我平常训练时根本就没晒到过太阳，然而那时候的波士顿马拉松是从中午开始起跑的。

现在的开赛时间往前调了，不过只调早了 2 个小时左右，所以大多数选手还是会在中午那几个小时才开始比赛。

如果我的首次波士顿马拉松还能再来一次的话，我大概会把我的大部分训练安排到中午吃饭那个时间段，这样至少我可以在一天当中更热、阳光更猛的时间段得到些考验。自然，我也会把更多的周末长距离跑排在上午晚些时间开始。对于大多数跑者来说，不早起是不正常的，在周日早上，你可以在天气预报说晴空万里、气温暖和的时候练习几次。你可以在赛前计划里安排补给和补水练习，记得要比平常晚一两个小时开始这些跑步训练。

如果不具备户外跑步的条件，你可以试着在跑步机上进行一些波士顿马拉松赛前训练。我知道很多人都不喜欢待在室内，但室内环境更为暖和，如果星期一的马拉松比赛中出现类似的气温，你就可以提前适应。但话说回来，你永远也不会知道在马萨诸塞州爱国者日 ① 当天大自然母亲会带来什么，所以你最佳的选择就是无须过于担心天气，不过你需要根据比赛当天的状况调整自己的比赛计划及完赛目标。

波士顿马拉松赛为参赛者提供的后勤交通服务和晨间安排与纽约马

---

① 波士顿市是马萨诸塞州首府，波士顿马拉松比赛安排在每年的爱国者日，即 4 月份的第 3 个星期一。——译者注

拉松赛的类似。叫醒电话服务会很早地叫醒你，然后你会登上一辆黄色的大校车到霍浦金顿，在运动员村那儿露天等上几个小时后，才能去你的分区报到。所以说，你需要做一些预备工作和心理准备，并在你的马拉松比赛日的策略中考虑到这些因素。

在比赛当天，最重要的是早上的食物补给和水分补给。很多人通常是这么安排的：起床，吃一顿像样的早餐，开始持续小口喝水和运动饮料，也许还会和平时一样再喝杯咖啡。不管吃什么，都应该和在进行长距离训练时吃的那些一样。

不过，那天你可不能只吃一顿早餐。在比赛前，你就要准备好当天的第二份早餐，大约在赛前 90 分钟吃。它的分量比第一顿早餐要少，不过要比较容易吸收，这样才会让你有充足的糖原储备，你也就能在起跑的时候充满能量。如果可能的话，建议你在星期一马拉松比赛日之前的某个长距离跑训练中尝试一次完全一样的吃法。

我以前参加波士顿马拉松时，对这些一无所知。既不会在赛前做到正确补给，也不会在长距离跑训练时及时补给，我们那时根本不懂应该怎么做，所以在比赛那天我不会去吃早餐，因为我害怕跑的时候会呕吐，或者不得不停下来上厕所。此外，工作人员会在起跑点发盐丸，并告诉你把盐丸吞服下去，我以前从来也没有吃过，想不到吧？还有一点你可能知道，在比赛那天千万不要尝试任何新的东西。所以，当你的比赛中午才开始，你又一整天没吃什么东西，后面还得跑 42.195 公里，会发生什么状况不难预测吧？我们那时真就是这么去参加比赛的，想起来都觉得疯狂。

在那之后的几年里，我训练肠胃使之能适应在长距离跑步前吃一些面包片。你也可以用几周时间来训练自己的肠胃，要弄清楚自己适合在什么时间点吃早餐，你的消化系统会吸收什么，以及你在跑步当中会不会有什么异样感觉。你要不断调整，不断尝试，最终就能找到适合自己的方式。你会希望在到达起跑线之前就能开始消化食物。还有一点，运动员村有大量的移动厕所，通常在起点线边上也会有一些，那儿排队的人少，因为没什么人知道。

跟纽约马拉松一样，你要带上毯子，多带一件一次性衣物，还要准备一些能让你放松的东西来打发时间，比如扑克牌或者书、报纸什么的。找个地方坐下来放松放松，控制住自己不要四处晃悠。别忘记还要吃第二次小份的早餐。尽量远离阳光，当然也要远离雪、雨夹雪、冰雹或者暴雨等。就像我说过的，新英格兰地区的春天真的能让人抓狂。记住，关注你可以控制的事情就好，天气什么的，还是算了吧。

波士顿马拉松参赛贴士

跟一般人的看法不同，我确信你可以在波士顿跑得更聪明些。只要你安排得当，就可以跑出后段加速来，也就是说后半程比前半程快。你是不是想着如果前半程 21 公里都是下坡路段，而后半程都是上坡路段，也会是这样？你看看职业跑者的成绩，他们许多人的历史最好成绩都是第 2 个 21 公里跑得更快。如果你的股四头肌不给你添乱，那么最后 8 公里你可以跑得更快。可要是真的出现麻烦的话，你会诅咒你前面碰到的那些下坡。如果你留有余力还能加速的话，那会给你带来很大的精神激励。

我的波士顿马拉松的最好成绩是在 1984 年，当时我以 2 小时 41 分钟的成绩跑完了全程。那天气温很低，还刮着可恶的逆风。在到达起跑线之前，我调整了目标，因为我很清楚当天的天气状况不利于跑出最好水平。想保持理智和克制可不容易，那时我们会犯各种错误，过于顽固和自信，基于上述情况我觉得我要表扬一下自己。

问题是，大多数聪明的跑者认为波士顿变数太大，所以它不是个能创造个人最好纪录的赛道。没什么人会说他们最好的全程马拉松成绩是在波士顿跑出来的，尽管这是有可能发生的。瑞安·霍尔（Ryan Hall）是参加过两届奥林匹克运动会的马拉松选手，2016 年起他不再跑竞争性赛事。他在 2011 年波士顿马拉松上跑出了个人最好成绩，那一年有非常强劲的顺风，他的完赛成绩是 2 小时 4 分钟 58 秒。波士顿马拉松的赛道整体来说是下降的，但是正如我说过的，其路线设计对身体来说压力很大。

作为一个熟悉波士顿马拉松的人，我想给大家 6 点建议：

> **1. 和你的同伴一起跑。**你会和成绩差不多的选手分在同一个起跑区，也就是说周围大多数人差不多跟你在同一水平线上。这也意味着如果你愿意，大家可以一起完成比赛。很有可能比赛那天大家的完赛目标也类似。不妨介绍一下你自己，找到一些新的同伴约着一起跑，尤其是在前面那关键的几公里，大家可以互相督促。要是经过牛顿山的时候大家还能跑在一块儿，那就可以

轮流领跑，这样每个人都能维持好的配速。团队合作确实有助于梦想成真。

2. **开始起跑的街道比较狭窄。**比赛会在霍普金顿一个古色古香的小镇里开始，你和成千上万个有着同样爱好的朋友们一起在一条普通的双车道马路上开跑。从起跑线开始跑不了几步，你就会碰到下坡路段，感觉就像从悬崖上跳下来一样。好吧，别当真，不过你确实要控制住你的速度，不要因为在起跑阶段被挤得像沙丁鱼一样，就去追赶那些跑得太快的人。

3. **前半程注意要匀速。**开始的 21 公里你会感觉很轻松。你很可能低头看到手表上提示分段速度过快，但你自我感觉良好不把它当回事。小心了，如果你坚持这样的话，后面会有大麻烦。你得提醒下自己，因为很快就没有那么好的感觉了。如果你得意忘形，分段速度太快，那么你的股四头肌在接下来几公里内找你麻烦的概率将大大增加。你不会想在博伊斯顿街上一瘸一拐的，你肯定想着看起来要像个冠军。那么请告诉自己一定要冷静，别跑太快。

4. **通过牛顿山时忘掉配速。**跑到 25.6~33.6 公里时，你会碰上传说中的"牛顿山"。别再看你的手表了，在这段路你可以试着保持均匀的身体强度感觉来代替匀速。要是你开始觉得呼吸费劲了那就稍微降点速度。这就是我跑步不听音乐的原因，我需要聆听身体的信号以便立即做出调整。我不建议任何人用"强攻山坡"（attack the hills）这个方法，那只能是自找麻烦，尤其是搁在马拉松这么长的距离里。记住别低头看手表，保持均匀的强度去跑就好。

5. **在心碎坡顶上加油。**在这个地方你又会面对很多下坡路段。如果你还有足够的能量，就可以加一些速。迈开腿，别害怕换挡加速，没什么好担心的。

6. **吸收人群的力量。**波士顿马拉松的观众是最有修养的马拉松粉丝，他们从头到尾排着队，声音非常大。当你途中跑过卫斯理学院那些女生群时，你可能会失去听觉。这种震耳欲聋的声音——其分贝之大让我找不到合适的词来形容。你无法避开这种狂热的话，那就去拥抱它吧，甚至可以在低谷时利用它。但是要记住，头脑要保持冷静，不要让这种热情控制了你，让你跑出不能持续的高配速。通过波士顿学院那儿会有啤酒供应，喝不喝你自己看着办。

**亚索
锦囊**　**亚索印象深刻的 5 大马拉松赛事**

　　要挑几个最好的全程马拉松赛事出来实在是太难了，因为我对很多赛事都很有兴趣。这里介绍几个让我印象深刻的赛事：

大苏尔（Big Sur）马拉松： 每个跑过的人都会说这个马拉松很难。不过可别忘了，这个赛道的下坡路段可比上坡来得多。这儿确实会有逆风，有些年逆风的影响还非常大。你需要做的是把长距离跑练习放在山坡路段进行。大苏尔马拉松真正吸引人的是沿太平洋一路的自然风光，景色真是美极了。这是当地唯一一次为了一项体育赛事而关闭加利福尼亚州 1 号公路，这使得这项赛事很特别。

几年前，我跑完比赛后接受当地的报纸采访，记者盯着我的眼睛问："你怎么看这个赛事？"我告诉她说："要是有人告诉我，我的生命中只能跑一次马拉松，那就是这儿。"这儿是我在美国跑过的最美的路段了。

卡特琳娜岛马拉松： 所有的跑者都住在这个叫阿瓦隆（Avalon）的小镇上。比赛那天早上，1 200 名选手登上一艘大游艇到岛的另一边——图哈伯斯（Two Harbors）。这是一条横跨整个岛屿的点对点航线。你会从一个专供私人飞机起降的草地跑道开始起跑，然后右转，顺着一条单向小道跑 4.8 公里的上坡。等你回到水平线之后，又得再次上坡；在 36.8 公里那儿向下看，还可以看到终点线。回到阿瓦隆又全是下坡路。我被那里原生态的自然栖息地所吸引。那儿很美，坐落在距离陆地 41.6 公里的大洋上，与世隔绝。我喜欢小路和山坡，那里的赛道正合我意。你要是打算去那儿参赛的话，可以提前找些羊肠小路做准备。那儿的地形并不是很专业，所以谁都可以很快适应那个赛道。这不是一场奔着成绩去的比赛，所以别看速度，看感受。

罗马马拉松：我想不出还有什么比赛比罗马马拉松更能展示这座城市历史和魅力。你要在很多鹅卵石上面跑，可能会有点累，不过也没有你想象的那么糟糕。还有，别忘了你是在欧洲，赛道上会用公里来标记，而不是英里。虽然赛事路线在过去的几年里有一些调整，但它还是能让你经过一些很令人惊叹的地标。2001 年，我跑罗马马拉松时，是从罗马斗兽场（Colosseum）的影子下开始，然后沿着台伯河（Tiber River）跑过去，经过特莱维喷泉（Trevi Fountain）、圣彼得大教堂（St. Peter's Basilica）、西班牙台阶（Spanish Steps），还有纳佛那广场（the Piazza Navona）。最后 4.8 公里的赛道在亚壁古道（Appian Way）上，这能让人想起公元前 300 年左右的罗马士兵，也能让人想起阿贝贝·比基拉（Abebe Bikila）[①]。在墨索里尼侵占埃塞俄比亚 24 年后，1960 年的罗马奥运会上，阿贝贝·比基拉在这里点燃了火炬。他也是第一位获得奥运金牌的非洲人，当时因为鞋子不合脚，他还是赤脚参加的比赛。比赛的终点是君士坦

---

① 埃塞俄比亚长跑运动员，两枚奥运会金牌得主。——译者注

丁凯旋门（Arco di Costantino），没有比这更好的
终点了。

我跑罗马马拉松的那一年，妈妈特意来看我
比赛。我停下来给了她一个拥抱，我们还在赛道边
上的特莱维喷泉边合了影。我当时没什么感觉，在
妈妈去世之后，才知道那张照片的珍贵，它铭刻了
我最温馨的跑步时刻。我会永远珍藏它。

芝加哥马拉松：无论你的配速如何，一开始就要找
准节奏，在终点前你要像节拍器一样精准。

芝加哥马拉松在 41.5 公里之前没有任何上
下坡，但之后会有一个短暂的爬升直到终点线。
1997 年，我带领着一个 3 小时的配速小组参赛。
在这里，这个速度很容易保持，因为海拔几乎没什
么变化。你要想好怎么面对人群，因为每个街区都
有成群结队的人在欢呼。终点格兰特公园（Grant
Park）也同样拥挤。与许多大城市的马拉松相比，
芝加哥马拉松的优势在于交通和后勤更方便，比赛
的起点和终点也很接近，步行就能到达很多酒店。
这能让你省去等车和乘车的时间，帮你节省很多精
力。对于那些喜欢保持匀速的人来说，这就是你们
的赛事。如果你想在美国某个大城市举办的马拉松
里取得好的成绩，芝加哥马拉松比赛是一个很好的
选择。

海军陆战队马拉松：在所有的马拉松中，这一场至关重要。举办海军陆战队马拉松是要纪念一些人，没有他们，我们也许不可能自由地去参加其他的所有比赛。

这是一个充满情怀的赛道，你可以看到阿灵顿公墓（Arlington Cemetery）、硫磺岛纪念碑（Iwo Jima Memorial），还有第16.8公里的那段路——那是献给阵亡将士的。来自"穿蓝色衣服，为纪念而跑"组织的烈士家庭成员和他们的朋友们，拿着美国国旗和阵亡的亲人照片，沿路排成了一排，表示敬意。我发现这是我跑过的赛事里最感人的一段路程。

当然，除了这些标志性的地方，还有很多其他地方值得说。

你还会经过国家广场、五角大楼，还有华盛顿纪念碑。临近终点还有一个小山头，我想这应该是所有马拉松比赛里最陡、最短的终点线，但终点是硫磺岛纪念碑，这才是重点。

要留点精力让自己跑上这个斜坡，我相信没有人愿意走过终点线，不管是哪儿的马拉松，更何况这儿的马拉松终点线前还有一群海军陆战队队员。你一边跑，会一边看到赛道边的军事设施一路移动着。我在2001年参加了这个赛事，那时"9·11"事件刚过去5周。我带领着一个3小时的配速组。刚开始的几公里，跑步的人群里一直有点儿吵闹，气氛比较轻松，我记得大家一路上开着玩笑。后来，我们朝五角大楼跑过去。当我们慢慢靠近时，大家看到了几周前大楼被飞机撞出来的大洞，所有人突然沉默下来。

除了我们的呼吸声和脚步声，没有人知道该说些什么。对于所发生的一切，我们都不知道说什么好，我们这个小组里的所有人似乎都被五角大楼镇住了一样。那一刻，赛道离大楼非常近。这是我永生不会忘记的画面。

全程马拉松备赛训练

最佳的马拉松训练计划是什么？每个人都有自己的看法，也许他们都是对的。我认为，适合你的计划就是正确的计划。

当你备战马拉松时，你必须非常注意你的生活方式。你的工作、家庭、朋友，以及其他一些情形的需求都必须考虑进来。大多数马拉松训练周期要占用你 16~20 周的时间，对于一项业余爱好来说，这时间可不算短。这并不意味着你有足够的时间来培养自己的兴趣爱好，所以不仅要确保你自己能空出时间，那些支持你、依靠你的人也要同意才好。在一切结束之前你很有可能会错过一些事情，或者会有某些事情没法及时去做。

对于初次参加马拉松的人来说，在参加全程马拉松之前应该至少有
6 个月的持续跑步经验。你需要先尝试 5 公里、10 公里，以及半程马
拉松这些距离，一周跑 4 次并且感觉良好。还有，不要仅仅把它当作
人生清单里要完成的项目而匆忙地进行这次备战训练。如果你能做到这
一点，并朝着这个令人钦佩的目标循序渐进，你就更能享受整个训练过
程，同时还能减少你倦怠和受伤的机会。这一切都能增加你对跑步的持
续热爱，这才是我们都想要的。

对我来说，马拉松训练中最重要的部分就是每周的长距离跑练习。
可能很多人喜欢用马拉松比赛的配速来跑这些长距离，但我认为跑得比
马拉松配速慢一点效果会更好。用能交谈的速度去跑长距离，然后在每
周中间的时间安排一些速度训练。用比全程马拉松目标配速每公里慢
37 秒左右的配速来跑长距离一点问题也没有。对于新手来说，只要跑
得轻松并且能持续就行。在我的前期积累过程中，最长跑步距离是 32
公里。对于初次参赛的跑者来说，很重要的一点是，你不需要为了能跑
完全程马拉松而在训练中跑完一整个马拉松的距离。你只需要在训练中
保持每周一次的长距离练习，跑 28.8~32 公里即可。

同样，在你累积跑量的时候必须重视恢复、补给和营养。在你逐渐
积累到能挑战半程马拉松时，希望你一开始就养成良好的习惯，例如有
充足的睡眠，吃天然的食物，喝大量的水。随着跑量的增加，这些策略
的影响也会越来越大。

新手全程马拉松训练计划

这个计划适用于每周跑量达到 40 公里的跑者。

	星期一	星期二	星期三	星期四	星期五	星期六	星期日
第1周	6.4 公里轻松跑	休息	6.4 公里轻松跑	休息	9.6 公里轻松跑	休息	9.6 公里轻松跑
第2周	6.4 公里轻松跑	休息	4.8 公里轻松跑	6.4 公里轻松跑	休息	6.4 公里轻松跑	12.8 公里轻松跑
第3周	休息	4.8 公里轻松跑	6.4 公里轻松跑 + 4 组 20 秒跨步跑	4.8 公里轻松跑	休息	4.8 公里轻松跑	16 公里轻松跑
第4周	休息	6.4 公里轻松跑	4.8 公里轻松跑 + 4 组 20 秒跨步跑	6.4 公里轻松跑	休息	4.8 公里轻松跑	17.6 公里轻松跑
第5周	4.8 公里轻松跑	休息	6.4 公里法特莱克训练：3.2 公里轻松跑，3.2 公里：2 分钟快、2 分钟慢	休息	8 公里轻松跑	休息	19.2 公里轻松跑
第6周	4.8 公里轻松跑	休息	8 公里轻松跑	6.4 公里轻松跑 + 4 组 20 秒跨步跑	休息	4.8 公里轻松跑	16 公里轻松跑
第7周	休息	4.8 公里轻松跑	6.4 公里法特莱克训练：1.6 公里轻松跑，3.2 公里：3 分钟快、1 分钟慢，1.6 公里轻松跑	4.8 公里轻松跑	休息	6.4 公里轻松跑	22.4 公里轻松跑
第8周	休息	6.4 公里轻松跑	8 公里轻松跑 + 4 组 20 秒跨步跑	休息	6.4 公里轻松跑	6.4 公里轻松跑	24 公里轻松跑

第9周	休息	6.4公里轻松跑	8公里法特莱克训练：3.2公里轻松跑，3.2公里：4分钟快、1分钟慢，1.6公里轻松跑	8公里轻松跑	休息	4.8公里轻松跑	19.2公里轻松跑
第10周	6.4公里轻松跑	休息	9.6公里轻松跑	8公里轻松跑+6组20秒跨步跑	4.8公里轻松跑	休息	25.6公里轻松跑
第11周	6.4公里轻松跑	休息	9.6公里法特莱克训练：4.8公里轻松跑，3.2公里：5分钟快、2分钟慢，1.6公里轻松跑	6.4公里轻松跑	6.4公里轻松跑	休息	28.8公里轻松跑
第12周	4.8公里轻松跑	休息	9.6公里轻松跑	9.6公里轻松跑+6组20秒跨步跑	休息	6.4公里轻松跑	25.6公里轻松跑
第13周	4.8公里轻松跑	休息	9.6公里法特莱克训练：3.2公里轻松跑，4.8公里：5分钟快、2分钟慢，1.6公里轻松跑	6.4公里轻松跑	4.8公里轻松跑或交叉训练30分钟	休息	32公里轻松跑
第14周	4.8公里轻松跑	休息	11.2公里轻松跑	8公里轻松跑+6组20秒跨步跑	休息	8公里轻松跑	19.2公里轻松跑
第15周	休息	9.6公里轻松跑	6.4公里法特莱克训练：3.2公里轻松跑，3.2公里：3分钟快、1分钟慢	6.4公里轻松跑	休息	6.4公里轻松跑	9.6公里轻松跑
第16周	4.8公里轻松跑	休息	6.4公里轻松跑+4组20秒跨步跑	4.8公里轻松跑	休息	20分钟轻松跑+6组20秒跨步跑	比赛日

轻松跑：可以维持长时间跑的配速，用这个配速在跑的途中可以

随时交谈。

跨步跑：在平地上做这个练习，逐渐加速到最大运动强度的 90%。每组之间要充分恢复。

休息：30 分钟无强度或低强度的有氧运动，如骑车、椭圆机训练或者游泳。

法特莱克训练：对于初学者，"快"（on）的时候要比轻松跑快，但不是冲刺跑，要找到一种有挑战性但又可以持续的配速。"慢"（off）则意味着轻松跑的配速[1]。

进阶全程马拉松训练计划

这个计划适合有全程马拉松完赛经验且每周跑量 56 公里的跑者。

	星期一	星期二	星期三	星期四	星期五	星期六	星期日
第1周	8 公里轻松跑	9.6 公里轻松跑	休息	9.6 公里法特莱克训练：3.2 公里热身，10 组 2 分钟 10 公里比赛配速跑 +90 秒轻松跑，1.6 公里冷身	休息	8 公里轻松跑	12.8 公里轻松跑
第2周	8 公里轻松跑	9.6 公里轻松跑	休息	9.6 公里配速训练：3.2 公里轻松跑，3.2 公里全程马拉松配速跑，3.2 公里轻松跑	休息	9.6 公里轻松跑	16 公里轻松跑

---

① "快"的配速可以尝试用 3K 至 5K 的比赛配速。——译者注

第3周	休息	6.4公里轻松跑	9.6公里山路跑	休息	12.8公里配速训练：3.2公里轻松跑，4.8公里全程马拉松配速跑，4.8公里轻松跑	9.6公里轻松跑	19.2公里轻松跑
第4周	休息	9.6公里山路跑	11.2公里轻松跑	12.8公里配速训练：3.2公里轻松跑，6.4公里全程马拉松配速跑，3.2公里轻松跑	休息	9.6公里轻松跑	19.2公里轻松跑
第5周	休息	9.6公里山路跑	9.6公里轻松跑	14.4公里配速训练：3.2公里轻松跑，8公里全程马拉松配速跑，3.2公里轻松跑	休息	9.6公里轻松跑	20.8公里轻松跑
第6周	6.4公里轻松跑	休息	11.2公里"亚索800"速度训练：3.2公里热身，4组800米10公里比赛配速跑，组间400米慢跑，4.8公里冷身	9.6公里轻松跑	12.8公里配速训练：3.2公里轻松跑，6.4公里半程马拉松配速跑，3.2公里轻松跑	8公里轻松跑	22.4公里轻松跑
第7周	休息	8公里轻松跑	12.8公里山路跑	11.2公里轻松跑	14.4公里配速训练：3.2公里轻松跑，9.6公里全程马拉松配速跑，1.6公里轻松跑	6.4公里轻松跑	24公里轻松跑
第8周	休息	14.4公里"亚索800"速度训练：3.2公里轻松跑，6组800米10公里比赛配速跑+组间400米恢复，3.2公里轻松跑	9.6公里轻松跑	9.6公里轻松跑	12.8公里配速训练：1.6公里轻松跑，9.6公里全程马拉松配速跑，1.6公里轻松跑	9.6公里轻松跑+6组20秒跨步跑	25.6公里轻松跑

第9周	9.6公里轻松跑	休息	11.2公里重复跑坡（详细描述见"亚索最看重的跑坡训练"）	11.2公里轻松跑	16公里配速训练：3.2公里轻松跑，11.2公里全程马拉松配速跑，1.6公里轻松跑	9.6公里轻松跑＋6组20秒跨步跑	19.2公里轻松跑
第10周	6.4公里轻松跑	休息	14.4公里速度训练：3.2公里轻松跑，6组"亚索800"，3.2公里轻松跑	12.8公里轻松跑	16公里配速训练：1.6公里轻松跑，12.8公里全程马拉松配速跑，1.6公里轻松跑	9.6公里轻松跑＋6组20秒跨步跑	25.6公里轻松跑
第11周	休息	9.6公里轻松跑	12.8公里山路跑	9.6公里轻松跑	16公里配速训练：1.6公里轻松跑，12.8公里全程马拉松配速跑，1.6公里轻松跑	9.6公里轻松跑＋6组20秒跨步跑	28.8公里轻松跑
第12周	休息	9.6公里轻松跑	16公里"亚索800"速度训练：3.2公里轻松跑，8组"亚索800"，3.2公里轻松跑	9.6公里轻松跑	16公里配速训练：1.6公里轻松跑，12.8公里全程马拉松配速跑，1.6公里轻松跑	4.8公里轻松跑＋6组20秒跨步跑	32公里轻松跑
第13周	4.8公里轻松跑	休息	16公里山路跑	12.8公里轻松跑	19.2公里配速训练：3.2公里轻松跑，14.4公里全程马拉松配速跑，1.6公里轻松跑	12.8公里轻松跑＋6组20秒跨步跑	22.4公里轻松跑
第14周	休息	11.2公里轻松跑	19.2公里"亚索800"速度训练：3.2公里轻松跑，10组"亚索800"，3.2公里轻松跑	9.6公里轻松跑	16公里配速训练：3.2公里轻松跑，11.2公里全程马拉松配速跑，1.6公里轻松跑	休息	33.6公里轻松跑
第15周	6.4公里轻松跑	休息	9.6公里山路跑	9.6公里轻松跑	12.8公里配速训练：3.2公里轻松跑，8公里全程马拉松配速跑，1.6公里轻松跑	9.6公里轻松跑＋6组20秒跨步跑	16公里轻松跑
第16周	休息	9.6公里轻松跑	6.4公里轻松跑	6.4公里轻松跑	休息	20分钟轻松跑＋6组20秒跨步跑	比赛日

亚索
锦囊

亚索最看重的全程马拉松训练

　　我在想，如果我不把"亚索800"作为我个人最看重的马拉松训练方法的话，算不算我的疏忽呢？这不是我唯一的建议，但它在我心目中的确占有特殊的位置。

"亚索800"

　　训练方法：跑10组800米，每组800米完成的时间要参考你马拉松比赛设定的目标成绩，但是要把小时换成分，把分钟换成秒。如果你的目标是全程马拉松跑出3小时30分，你就要在每组800米中跑到3分30秒。通常这个强度大致等于在跑道上跑5公里和10公里比赛的配速。

　　每组间的休息时间要和800米跑的时间相同，如上例就应该休息3分30秒，也可以在每组800米快速跑之间慢跑400米。运动前20分钟热身，运动后20分钟恢复及拉伸。

　　时间安排：在你的比赛开始前2个月开始进行第一次训练。第一周跑4×800米就好，后面每周增加一组800米，直到达到10×800米。最后一次训练要在马拉松赛前10~14天结束。

马拉松配速训练

　　这是长距离跑的主要内容。如果你想在马拉松比赛中成绩有所进步，你就不能略过它。

　　训练方法：轻松跑15分钟，慢慢加速到你的马拉松目标配速并维持45~60分钟，最后轻松跑15分钟。

　　时间安排：在你的训练周期中，可以每周安排不同长度的配速跑训练。从你能全程维持住马拉松配速的最短距离开始，每周逐渐延长时间。

如何参加全程马拉松赛事

在你开始训练之前，你需要挑选一项马拉松赛事。当你做这个决定前，需要考虑以下因素：

1. **赛事规模。**你是想参加大城市的比赛，还是一个中等规模的比赛？抑或是本地的或小规模的比赛？怎么选都有利有弊。这取决于你是否想去某个地方旅行，是否愿意和其他成千上万的人混在一起。当然，这也意味着你将有一大群支持者，或者如果你只想找个离家近点的地方，不介意路上没有伴儿。当然，这两者之间也存在许多其他的选择。我的建议是，让你的第一次马拉松尽量方便、简单一些。你的第一次全程马拉松最好不需要额外乘坐轮渡或者在运动员村待上4小时，只要可以完成42.195公里比赛就好。不过，话说回来，每个人的想法都不一样，选择最能激励你的那个就好。

2. **明确目标。**你是纯粹想去体验还是想去跑出好成绩？这并不是两个矛盾的目标，但是一些少为人知的赛事的地形能让你跑得更快。如果你的目标是一个崭新的个人最好成绩，那么就要好好研究一下，找出能发挥你优势的赛事。

3. **确定时间。**你更喜欢一年中的哪个时间？如果你选择的是一项春季赛事，那么在这个国家大部分地区你就得安排不少的冬季训练；如果你选择的是秋季参赛，那你的跑步训练就得应付炎热的夏季。当然，不管一年中的什么时间，都会有一些不可预知的天气状况。要考虑到你生活中其他那些没办法避免的事，让你的训练时间得到充分保证。

当你到达马拉松的起点时，我可以给你的最好建议就是要对你的前期准备充满信心，要有一种你知道已经做完所有准备工作的安心的感觉。比赛只不过是前面几个月艰苦训练的结束庆典，这是给你的奖励：你完成了所有的训练，吃了所有的营养食物，当其他人都出去玩耍时你却老实地上床睡觉。能站在起点这里，你已经赢得了比赛，赢得了这一天。

有一点要注意，很多人在马拉松比赛中犯的最大错误就是起跑速度太快。你必须谨慎地开始，慢一点加速。通常一开始的路段最为拥挤，大家都很兴奋。你不要把时间浪费在从周围人群中左右穿插上，要像参加其他比赛一样，耐心地跑下去，你后面还有几个小时的时间来找到自己的最佳状态。对于那些有特定时间目标的人来说，前面几公里的平均配速保持在目标配速上下 10 秒的范围内都是可以的。

在马拉松比赛过程中，补给和补水都至关重要。在你糖原耗尽之前，你一定要补够它。如果你没有正确补给，你必然会在 28.8~32 公里那段距离内发生"撞墙"。在比赛前的长距离练习中，一定要实际体验一下补给和补水。提前计划好你要摄入卡路里的时间点，以及在哪些补给站你可以喝到水或者运动饮料。

　　据说，马拉松比赛中前 32 公里是用头跑，最后 10 公里是用心跑。对我来说，这意味着在前 32 公里的距离里尽可能保持相同的分段速度，然后在最后的 10 公里时跟着感觉跑。很多人在最后的几公里可能会稍微慢一点。最好是能跑出后段加速，但要做到这一点需要一些训练和技巧，而且还要在完美的路线上比赛，确保最后几公里不会出现有挑战性的、像山丘那样的地形。在 32 公里之前，你要尽可能控制自己，保持放松，保持住自己的目标配速就好。还剩 10 公里时，你可不能再开小差了，你必须集中注意力，把最后这段路分解成更小的部分，这样也许能帮助你顺利跑完，例如每部分按 10 分钟或者 5 公里来分，或者使用其他对你有用的分法。

　　理想点的话，你最好可以保存点实力，以便能在最后几公里加速。要想达到这种目的，你需要一个完美执行的备战计划。如果自我感觉还能再快一点儿，可以从最后 5 公里开始加速。希望你能以最好的状态通过终点线。

RACE EVERYTHING

06
超级马拉松训练
及比赛

HOW TO
CONQUER ANY
RACE AT
ANY
DISTANCE IN
ANY ENVIRONMENT
AND
HAVE FUN
DOING IT

　　首先，我要告诉你，不要用像我那样的方式去跑超级马拉松，我也不会建议任何人用我的方法。也就是说，我会先告诉你们我自己是如何参加超级马拉松比赛的。但是，请你们不要尝试。

　　那是 1989 年，我和《跑者世界》的一些同事一起参加一个在亚特兰大举办的交易会。鞋业公司"Hi-Tec"，也就是恶水马拉松的赞助商跟我们说起了这场鲜为人知的赛事。这个赛事全程距离长达 233.6 公里，在 7 月份举行，赛道会穿过死亡谷直到惠特尼山山顶。不过如今，赛道不再到达惠特尼山山顶了，总长度变成了 216 公里。当时人们认为跑完一个 42.195 公里的全程马拉松已经是极限了，超级马拉松绝对不是主流。那时候没有互联网，也没有即时通信，因此也没什么专业的超级马拉松跑者。

　　这个鞋业公司希望恶水马拉松能够吸引到更多的关注，所以当时《跑者世界》的出版人乔治·赫希（George Hirsch）就主动提出让我去参赛。安比也同意，说我是在场这组人中唯一可以胜任这么偏门赛事的人，他是对的。

　　事实上，当时我从来没有跑过比 42.195 公里更长距离的比赛，更何况这个比赛的距离要比 42.195 公里多出 5.5 倍。不仅如此，比赛还要横穿死亡谷的高温盐碱地，那里的温度高达 56 摄氏度，之后一直向上跑，直到海拔 4 418 米的惠特尼山山顶。两地之间的路段温度都达到了 65 摄氏度，同时还有风沙猛烈地吹打着你的脸颊。1989 年，这项赛事才刚举办了两届，有 9 名很强大的选手完成了比赛。我并不肯定自己是否能列到完赛"大神"名单之中，不过我决定试一试。

　　我不喜欢在炎热的环境中跑步，但我还是组织了我的团队，那群好心人自愿来支持鼓励我，他们在整个比赛中负责给我提供食物和饮水补给，甚至在必要的时候可以骂我一顿。当时《跑者世界》的推广总监简·塞雷斯（Jane Serues），还有副总编鲍勃·威斯尼亚"威什"（Bob "Wish" Wischnia）都在这个团队里。他们非常负责任，每隔 1.6 公里我们就会在一个旅行车里碰一次面，车里存放了价值大约 300 美元的食品及杂货，还有很多的饮用水，比任何一队人能够喝下的水还要多，就算是一队到这种恶劣地形旅游的人也喝不了那么多水。当时我们可能真的计算错了，偏差得太离谱，也可能是我们不想在补水方面出任何问题。

　　我知道我需要保持非常慢的配速，虽然我中途停下来做了几次简单的拉伸，但是我没有意识到其实在任何路段都是可以徒步的。在那个年代，人们都不会选择徒步的，因为那时的思维是，既然是跑者就应该跑起来，跑得再慢也得跑。我确信如果我走得太多，就会有跑步"大神"来把我撂倒，让我不能再走下去。在第 72 公里的时候，史蒂夫·弗拉纳根（Steve Flanagan）出现在 Hi-Tec 公司的代表队伍里。他当时是一名销售总监，全程马拉松的最好成绩为 2 小时 18 分钟。他是当时美国世界越野赛团队成员，拥有令人钦佩的优秀纪录，尽管今天他更为人所知的身份是沙兰·弗拉纳根（Shalane Flanagan）的父亲。沙兰·弗拉纳根是一位全国顶级马拉松选手，曾获得过 2008 年奥运会 10 000 米银牌。不管怎样，我必须教史蒂夫怎么用合适的配速跑超级马拉松，我挺害怕他会引诱我跑得更快，这样会把我给毁了的。他起初确实让我加速了，不过当我们开始翻越一座山峰，还没跑上几公里，史蒂夫就说天气太热而退出了，回到了他的空调车里，喝冰冻啤酒。

可我还得继续撑下去。我们需要在孤松镇（Lone Pine）待一个晚上，因为当我到达 200 公里标记点的时候天就要黑了，我没有办法继续跑到惠特尼山山顶，并且得赶在日落前回到山下。在太阳升起前的两个多小时，我们又出发了。到达山顶的时候，我见到了这场赛事的总监戴维·庞贝（David Pompel），他说我刚刚完成了美国最艰难的赛跑，现在他的名单里又可以加上一个人名了。

因为我从来没有查过比赛结果，所以我永远也不知道自己到底是第几名。不过这场比赛确实让我在跑圈里声名鹊起——我现在是传说中的"恶水巴特"了。不仅如此，赛事总监们意识到邀请我参加赛事能大大提升比赛知名度，于是各种邀请如潮水般向我涌来。

这就是我对超级马拉松的介绍，正如我说过的，我并不建议你们去参加。

不过我发现，其实跑一个比 42.195 公里更远距离的长跑也让我很享受。超级马拉松被认为是比任何全程马拉松更长的比赛。我渴望融入大自然，这是路跑赛事找不到的感觉。在山路上跑，穿过森林，爬上高山，这就是它的魅力所在。我想要尝试一些不至于像恶水马拉松那么极端的其他赛事。

超级马拉松经典赛事

选择参加超级马拉松是可以的，并且应该循序渐进。在完成一两场全程马拉松比赛之后，可以尝试跑 50 公里。当你觉得可以轻松完成 50 公里之后，再试试跑 80 公里，然后再到 100 公里，甚至还可以到 160 公里。就像完成其他距离一样，最好是通过持续、稳定的训练来达到目标，这样能避免太过疲劳和受伤，也不会有挫败感。

我发现，当普通的跑者第一次进行超长距离训练时，其目标不是比赛速度，而是跑完全程。因此，训练时不要把重点放在速度上，而是应该放在你可能需要使用双脚的时间上。你要增加的是长距离跑的时间，而不是里程，你需要在周末完成背靠背的长距离跑练习，这样能让你的身体适应疲劳，变得更强壮。

备战任何一场超长距离比赛都是一项艰巨的任务。报名参加这么长距离的比赛是一个重要的决定，你需要和家人或朋友好好商量，因为为比赛做准备会牺牲你和他们在一起的时间，以及暂时放下一些你应承担的事情。

但是，这种训练和参赛的投入回报也是很高的，很多超长距离比赛会把我们带到只能靠脚才能到达的地方。超级马拉松的跑圈具有巨大的吸引力，赛道小路上充满了跑友之间的友情和关怀，这种感觉很温暖。而且，能持续完成 50 公里、80 公里或者更长距离的比赛，带给自己的成就感也是非凡的。

南非同志超级马拉松

我差点儿就错过这场马拉松了。

在我整个跑步生涯中，尽管充满了数不清的成功和幸运，我还是觉得缺少一些对我而言很重要的东西。我非常想参加一次南非同志超级马拉松，这才叫作该说的都说过了，该做的也都做过了。

这个赛事的距离长达 89 公里，比赛地点在南非的彼得马里兹堡（Pietermaritzburg）和德班（Durban）两个城市之间。这个赛事对我来说有一种特别的魔力，因为我 10 多年前患了莱姆病，身体变得很虚弱，差点儿不能参加这个马拉松，这会成为我 33 年跑步生涯里唯一的遗憾。

1997 年，我攀登乞力马扎罗山（Mount Kilimanjaro）的时候，我得了一种与莱姆病有关的严重疾病。这个病第一次发作是在 1990 年，那时我刚在康乃迪克州环瓦拉莫格湖（Lake Waramaug）跑了 80 公里。我成功到达了最后的基博营地（Kibbo Hut），但是在离登顶还有 9.6 公里的地方我晕了过去。我醒来后，右眼看不见东西，一直处于瘫痪的睁开状态，事实上我的整个右脸都瘫痪了。9 个小时之后，我们下到山脚，我住进了当地医院里，但是由于医疗条件有限，我被转送到内罗比（Nairobi），麻痹已经开始让我的右下肢变得无力。

当我最终回到宾夕法尼亚州的家时，我再次被确诊为莱姆病。在那次诊断之后的很多年里，我一直参加的都是环境比较好的比赛。但这期间我也经历了很多的痛苦和挫折，这让我觉得自己永远也无法去南非参加同志超级马拉松了。

我的梦想最早开始于 20 世纪 80 年代，那时我看到关于南非同志超级马拉松的介绍。它是当时世界上最古老和最大的超级马拉松赛事，其赛场大小相当于一个大城市马拉松赛的赛场那么大。与那儿的山脉相比，心碎坡简直不值一提。当我以 6 小时 11 分钟的成绩完成第一场 80 公里比赛时，我就在想，也许我可以在南非同志超级马拉松赛上跑进前 50 名。不过，当时去南非旅行就好像支持其种族隔离政策一样，所以我暂时搁置了这个计划。

1993 年，我终于有机会去南非了，但是我的健康状况不允许我去进行这次旅行。几年后，又是由于健康问题我再次与之失之交臂。尽管去南非参赛这个想法一直萦绕在我的脑海里，但是慢慢地我不得不接受这一现实：也许我永远也去不成了。

为什么南非同志超级马拉松这么重要呢？因为我想体验一下这种种族隔离制度的改变。如果我早 30 年去参赛，那时我可能更年轻，也更健康，但那时候几乎没有几个黑人公民参赛。站在起点线上，看着那些南非黑人运动员准备用 3 分 45 秒以内的配速跑完 89 公里，他们一边唱着国歌，一边泪流满面，这一切让我非常感动。这就是我们的体育精神，为全人类提供一个公平的机会，站在同一条起点线上，尽情地发挥他们的所能。

虽然我的身体不算太好，但在 2010 年，我还是决定去参加一次南非同志超级马拉松。我告诉自己，既然在赛道上训练几个月我就可以完成所有我参加过的马拉松赛事，那我也一样能完赛南非同志超级马拉松。我采用非常基础的训练，每个周末完成一次长距离跑步—— 一次全程马拉松的距离，因为我的身体没有办法承受更长的距离。

当到达南非的时候，我的状态很一般，但是这一次没有什么能阻止我体验这场比赛。我担心的是我能否在 12 个小时的关门时间内完成比赛。赛事官方关门时间是 12 个小时，之后到达的选手就不能再穿过终点线了。这么多年，我一次次地与这场比赛失之交臂，这一次不能让这种情况再发生了。不过我的关节有点疼痛，影响到我整个身体，另外我腿部的肿胀也让我没有办法流畅地跨步跑。从第一公里开始我就跑得很费力。

在比赛的过程中，我和南非观众一直在互动，这就像我一直想象的那样神奇。比赛的赛道以下坡居多，那一年也叫作"下坡年"。这个赛事每年会轮换一次方向，某一年上坡多，下一年就变成下坡多。当我们跑过一些村庄的时候，人们成群结队地跑出来支持我们。在这些村庄里，干净的水、电力对他们来说都是一种奢侈品。他们的支持鼓舞了我，让我把自己的担心都抛到了脑后。

到达 40 公里的时候，我看到 11 小时完赛的配速小组就在我前面，大概有 1 000 多人跟着跑，我非常想赶上他们，也尝试了一下，但是我的身体做不到，没有办法跑得再快一点。不过，我还是加快了速度，甚至快赶上我的目标配速，我知道我可以在关门时间前到达终点线了。

我到达终点线的时间是 11 小时 33 分钟 38 秒，提前了 27 分钟，算是终于拖着我的右脚熬到了最后。我很难解释为什么这场比赛的意义如此重大，那感觉就像把波士顿、纽约和伦敦的这 3 个马拉松揉在了一起，放在了 7 月 4 号的独立日和圣诞节举行。我的哥哥乔治非常向往南非，他很想去南非参加一场橄榄球比赛，但是一直没有机会。2003年，他因前列腺癌去世，还没来得及实现梦想。我到南非去有部分原因也是为了他，在比赛过程中我想了很多关于他的事情。

在南非同志超级马拉松比赛之后，我花了两个月才重新开始跑步。这期间，我一直处于休养状态，并深信这是我的最后一场比赛了，当然现在我们都知道这并不是我最后一次比赛。跑圈里有一些东西一直吸引着我，尽管我已经不再是那么求胜心切了，但是和人们交往，听他们说起如何克服各种障碍去参赛时，我都会感到非常振奋、备受鼓舞，这些都促使我一直向前。

南非同志超级马拉松参赛贴士

就像所有的超级马拉松一样，你能帮自己最大的忙就是要确保自己做好了充足准备，这里说的不只是比赛这么长的距离，还包括赛道的地形。下面是我的一些建议：

1. 调查清楚你参加的比赛是在"上坡年"还是"下坡年"。"下坡年"的比赛大概有 2 133 米的下降和 1 524 米的上升,"上坡年"则相反。所以,不管是什么年都会有很多上下坡要跑。不管怎样,你需要考虑把足够多的上下坡训练里程加到你的训练计划中,把你的股四头肌锻炼得更强大。

2. 每个人都在讨论赛道上的 5 座小山,它们都有自己的名字。你要知道,所有被命了名的山都是不好惹的。山的名字有 Cowies,Fields,Bothas,Inchanga,还有 Polly Shortts,它们可不是比赛中仅有的几座山,只是其中被命了名的而已。

3. 在 89 公里的赛程中,温度变化非常大。无论在起点的时候天气有多冷或者多热,你都会在比赛过程中遭遇到很大的温度变化。所以请考虑带上一些方便穿脱及携带的长袖或者轻便的外套,在需要的时候可以穿在你的背心或者短袖外面。

4. 别忘了这里使用的是公制系统。所有的距离单位都是公里,请在出发之前再复习一遍。南非同志超级马拉松特别有趣的地方是他们会反向标记赛事距离,所以你先看到的是"88K",表示还有 88 公里需要完成,有点儿像倒数那种感觉。

5. 虽然几乎每一公里都会有补给站,但记住你是在参加国际比赛,比赛中不一定会提供和你平日一样的补给,比如在其他赛事中挺常见的能量胶这

里就没有。请带上你训练时使用的补给，不要因
为吃了新的或不同的食品引发胃肠不适。

6. 你要做好在一些路段走两步的准备，所以不要担
心在比赛早期路段加入一些步行。快步走上一个
小山比硬撑着慢跑上去会更有效，也更省力。同
样的，在早期的下山路段也不要过于兴奋。要是
在下坡跑得太快的话，你的腿部会因此受伤，而
你肯定会后悔的。

7. 这是一项重大的全国性活动，你到了现场就能感
受得到。这个国家的每个人都在关注这场比赛，
所以好好享受它吧。请与你周围的人们好好互
动。对于我们很多人来说，这种体验很可能一辈
子就这么一次，所以请好好享受这一赛事背后的
文化和历史。能作为这个时刻的见证人，是非常
了不起的。

超级马拉松备赛训练

任何距离长于 42.195 公里的比赛都可以叫作超级马拉松，所以如
何准备比赛就有很多不同之处。比赛的地形也有很大的不同，赛道可以
在公路上，也可以在山路上；路面可以很平整，也可以有很多坡；可以
处在很高的海拔上，也可以在海平面上。有的赛事可能需要直接爬上一
座山峰，也可能需要穿过一片沙漠。你可以在这么多选项中去挑选最合

你胃口的。

我建议第一次超级马拉松以 50 公里为目标，这并不会比全程马拉松的距离多多少，但是可以让你体验到跑更长距离时的感觉。你可以把这个距离作为敲门砖，以此来为其他距离的比赛制订训练计划并进行适当调整，以及调整你的补给和营养计划，这对于你取得最后的成功至关重要。

事实上，为 50 公里甚至 80 公里以上距离设定的训练计划，与全程马拉松计划没有太多不同。你需要累积足够的跑量，夯实基础。我建议你至少要先完成一场全程马拉松，并且完成应有的训练，当你逐渐习惯于每周跑 5 次，且有 64 公里以上跑量的时候，你就可以去挑战更长的距离了。

超级马拉松参赛贴士

1. **确定你参赛的优先考虑事项**。一年之内哪些时间你想去参赛？你喜欢热点还是冷点的天气？你想体验什么样的地形？你想要外出旅行还是说你想待在家里？根据你个人的偏好，好好研究一下，再确定所有的选项。

2. **找到舒适的补水装备**。你必须自己带上营养品和饮料，这些都需要在长距离跑训练中考虑到。当然，你还是可以做些选择的：可以选择带上手持式水壶或水壶腰包，以及带水袋的背包。你要尝试不同的选择，然后确定什么样的装备才是最适合你的，以及什么样的装备才能容纳你要带的所有东西。去你当地的跑步用品商店看一看，试用一下所有能给你试的产品。

3. **做一些食物试验。** 有些人喜欢在跑很长的距离时吃"真正的食物"，比如三明治、水果、薯片、饼干等。另外一些人则喜欢食用一些马拉松比赛中常用的能量胶、咀嚼片等。这都是个人的偏好，但是要知道，你可能会在户外待上 8 小时或者两天，这取决于参加的比赛距离，所以你明白为什么比赛需要一个策略了吧。在超级马拉松比赛中，如果没有足够的食物来补充一路上消耗的卡路里，你连完赛都不可能做到。

4. **测试你的装备。** 由于超级马拉松赛时间很长，你在跑的过程当中可能会遇到各种各样的天气，要确保你已经试用过不同情况下你需要穿的所有衣服。你很可能还会需要一些其他的东西，例如一盏在黑暗中值得信赖的头灯，还有最好让你的团队准备些备用鞋袜，放在赛道特定地点的补给包内。

5. **为训练预留出周末时间。** 在完成几次马拉松训练之后，你已经了解需要投入多少时间用于训练，而超级马拉松会占用你更多的周末时间。举个例子，比起一次跑够 48 公里的训练，我们更建议多进行几次背靠背的长距离跑，比如星期六

跑 28.9 公里，然后星期日再跑 19.3 公里。对于
很多人来说，这意味着整个周末都用来训练、吃
饭和睡觉了。所以需要早点做计划，并和你的家
人交代好，得到他们的谅解。

6. **在正确的地形上训练。** 如果你要在单行山路
（singletrack trails）上比赛，那么就在单行山路上
进行长距离训练。如果你要参加 80 公里的柏油
路比赛，那就在公路上进行训练。如果你知道赛
道需要登上一座山，那就找一个类似的上升高度
来准备训练。要让你的身体知道即将面对的是什
么，所以要确保找到和比赛日类似的地形，并且
进行足够跑量的训练。

7. **调整对配速的期待值。** 超级马拉松的成绩与分
段成绩无关，并不是用手表上的数据能预测得到
的。如果你带着以往路跑的成绩和期待来参加这
场比赛，你会很难理解这一点。超级马拉松的成
绩取决于你的身体感知强度，绝对不是靠每公里
的配速来决定的，除非你是一个精英运动员。同
时，超级马拉松也是一个智力游戏，你要把体力
分配在能让自己优势最大化的地方，让你的技巧
在这部分赛道上能得以完美展现。

8. **要保守一点。** 如果你是超级马拉松的新手，最
好把训练量保持在安全的水平，而不是突然大幅
增加训练量，因为这往往会导致你受伤。在长跑
训练中，不要去想你跑了多长距离，而是要考虑

你跑了多长时间。重要的是要让你的脚适应增加了的跑步时间。

9. **在比赛日要保守。** 就和全程马拉松一样，在超级马拉松比赛中，你可能犯的最大错误一般都会出现在前面几公里。如果你觉得跑得很舒服，这是一个好的开始，不过还可以跑得再慢一些。这才是长期坚持下去的真正意义。在一场距离长达 50 公里、80 公里甚至 160 公里的赛事中，最重要的就是跑完全程。除了充分的补给计划，以一个较慢配速开始是成功完赛重要的保证之一。

10. **清楚你的退出策略。** 你应该知道，一场马拉松中什么事情都有可能发生。那么在一场超级马拉松赛事当中，任何事情就更加有可能发生了。有些赛事会很完美，但更多的比赛不会那么顺利。你需要提前想清楚在什么情况下你会退赛，当然，我们希望这个计划永远不需要执行。在努力训练这么久之后，未能完赛的原因一般就是受伤或者生病。你可能会感觉到极度疲劳，全身疼痛，体会到黑暗、低潮的时刻，但这些都不是你退赛的理由，我们应该用这些不舒服的感受来提醒自己要好好训练，从而让自己能更舒服地完赛。

11. **要尊重赛场的环境。** 不像在大城市的比赛，许多超级马拉松比赛中，你可能很多时候都是独自一人在野外。天气变化也会很快，你必须要时刻注意该地区突然发生的某些状况。同时要记住，在森林里没有大批的志愿者跟在你后面打扫卫生，所以一定不要乱丢垃圾，带什么来就要带什么走。对于比赛经过地区的所有野外规则，以及可能随时会碰到的野外生物，你要了解如何去处理。比赛网站上有足够的相关信息，请仔细阅读并且参加赛前的简报会，了解更多相关内容。

亚索锦囊

提高你的徒步技巧

许多超级马拉松赛事都在山区举办，即使你报名参加一些地势平坦的赛事，你还是要面对很长的路程，你需要做的是不时走上一段路来休息。你可以提前就做好准备和计划。相对于持续进行比较消耗体力的猛冲，徒步穿越山路及那些技术路段要有效得多。

在你的训练中练习徒步以确保你能有效地使用这一策略。

1. **计划好走路间隔。**在比赛之前，请计划好你会如何使用徒步策略。有一些跑者知道，在比赛上坡路段徒步实际上会比跑步更快。由于比赛距离实在是太长，就算简单地按照既定的间隔走上一阵子，也能避免由于太过疲劳而陷入绝境。

2. **练习徒步。**当你第一次尝试跑 80 公里的路程中的一个山坡时，你会被一个竞争对手徒步超过，这会颠覆你之前预计的用一切办法跑下去的想法。但是你要知道的是，这个能快速徒步的人一定经过训练。这种方法不仅仅可视作一种休息，而且更是一种可以让你持续向前行进的方式。在保持比赛强度的同时，你是在尽量减少跑步带给肌肉的疲劳。

3. **自我检查。** 如果第一个坡度出现在比赛的第 5 公里左右，请使用徒步的方法，这样你在第 45 公里且疲惫不堪的时候就会感激自己了。不管你是刚起跑才 5 公里还是离终点线还剩 5 公里，使用徒步的方法越过山坡可以帮助你更加安全高效地到达终点，而且看上去也更快乐。

4. **忘掉配速。** 当人们在户外山路上比赛的时候，没有人会去关注他们每公里用了几分钟，这是一种解放。我再次强调一遍，这都是努力的结果，再怎么强调这点也不为过。找到最能坚持的运动强度并且一直坚持下去。不管你的手表显示的数据是什么，你应该关注身体自身的反应，包括你的呼吸、心率和强度感知级别。

召集你的团队

在很多比赛中，有自己的工作团队是有一定好处的，这也取决于赛道设置，以及赛事规则是什么。一个团队就是互相信任的一群朋友或者家人，他们会在预先设定的补给站等你，并给予你支持，给你换上干燥的鞋子，给你提供补水和食物等。

　　我个人喜欢自给自足。我唯一一次有团队支持是在恶水超级马拉松赛，我能感受到有一群爱我的人在赛道上帮我实现目标的好处。如果你决定需要一个团队或者为了比赛被要求有一个支持团队，下面这些建议应该能帮到你。

1. **找有默契的工作团队。** 选择那些具有心境平和气质的人。万一有什么事情出错了，你最不想看到的就是团队失去了理智和控制。在比赛的某些时候，也许会因为某些变故使得你的认知能力变弱，此时你需要有人代替你去理性地思考。所以你要确保和你的团队成员默契且相处融洽，因为你绝对不想在比赛时看到任何戏剧性的情节。要确保当你跑完 80 公里进入补给站时，你的团队成员一起工作得很好或者看上去很好。

2. **告诉他们你的需求。** 在比赛日之前，召开一个团队工作会议，告诉他们你需要如何在补给站展开工作，告诉他们什么样的鼓励方式对你管用，并列出要点，如：严厉的爱、无限的热情、安静的正能量语言……你们还要讨论一些棘手的问题，比如当你想要退出比赛的时候，你希望他们如何去处理；告诉他们什么情况下可以接受你退赛，什么情况下他们需要把你重新拉回正轨等。所有这一切都充满了对你的爱。

3. **打印出所有的路线图、指引和规则。** 许多超级马拉松都是在偏僻的地方举行，所以工作人员不能只是依赖 GPS 或者手机。要确保他们有打印出来的纸质地图和路线图，以及你可能在补给站需要他们做的重要事项的清单，并且请和他们一起熟悉所有的规则。例如，许多赛事只允许跑者的工作团队出现在特定的补给站，有一些补给站不会对工作团队开放，还有一些赛事对工作团队有非常严格的停车规范。你一定不想因为工作团队搞砸了而被取消参赛资格，所以在比赛之前一定要和他们仔细检查所有这些重要的细节。

4. **展示和讲解如何使用你的装备。**当你进入补给站把水袋背包交给团队成员加水，可是他们却不知道如何给水袋加水的时候，我想没有什么比这更糟糕的了。所以确保你检查了所有的装备，列出你在补给站需要的物品，让所有人在比赛之前都试做几次，以免在比赛的时候搞砸。

5. **提醒他们要照顾好自己。**这些好心的人会在很长的一段时间内高度关注你和你的需求。但他们能做到这点的前提是要照顾好自己，他们要记得饮食、补水，还有多休息。要和他们强调去做一些能让他们保持快乐和刺激的事情，鼓励他们要提前计划好一日三餐和吃饭的时间。他们保持乐观，吃得满意，对大家都有好处。

超级马拉松训练计划

　　此计划适合有跑马拉松经验的超级马拉松新手备战80公里的比赛。选手应该具备周跑量64公里的基础，且有节奏跑、法特莱克、山路跑的训练经验。在开始执行这个计划之前，周跑量至少要有26公里。

	星期一	星期二	星期三	星期四	星期五	星期六	星期日
第1周	8公里轻松跑	9.6公里轻松跑	休息	9.6公里法特莱克训练：3.2公里热身，10组2分钟快、90秒慢，1.6公里恢复	休息	3小时轻松跑	60分钟轻松跑
第2周	8公里轻松跑	9.6公里轻松跑	休息	9.6公里配速训练：3.2公里轻松跑，3.2公里全程马拉松配速跑，3.2公里轻松跑	休息	3小时轻松跑	60分钟轻松跑
第3周	休息	8公里轻松跑	11.2公里山路跑		12.8公里配速训练：3.2公里轻松跑，4.8公里全程马拉松配速跑，4.8公里轻松跑	3小时轻松跑	75分钟轻松跑
第4周	休息	11.2公里山路跑	12.8公里轻松跑	12.8公里配速训练：3.2公里轻松跑，6.4公里全程马拉松配速跑，3.2公里轻松跑	休息	3.5小时轻松跑	75分钟轻松跑
第5周	休息	11.2公里山路跑	12.8公里轻松跑	14.4公里配速训练：3.2公里轻松跑，8公里全程马拉松配速跑，3.2公里轻松跑	休息	3.5小时轻松跑	75分钟轻松跑

第6周	9.6公里轻松跑	休息	11.2公里,在中间安排10组2分钟跑坡练习	9.6公里轻松跑	12.8公里配速训练:3.2公里轻松跑,6.4公里半程马拉松配速跑,3.2公里轻松跑	90分钟轻松跑	2小时轻松跑
第7周	休息	9.6公里轻松跑	12.8公里山路跑	11.2公里轻松跑	14.4公里配速训练:3.2公里轻松跑,9.6公里全程马拉松配速跑,1.6公里轻松跑	3.5小时轻松跑	90分钟轻松跑
第8周	休息	14.4公里,在中间安排10组2分钟跑坡练习	11.2公里轻松跑	9.6公里轻松跑	12.8公里配速训练:1.6公里轻松跑,9.6公里全程马拉松配速跑,1.6公里轻松跑	4小时轻松跑	1小时45分钟轻松跑
第9周	9.6公里轻松跑	休息	11.2公里轻松跑	16公里配速训练:3.2公里轻松跑,11.2公里全程马拉松配速跑,1.6公里轻松跑	11.2公里轻松跑	2小时轻松跑	2.5小时轻松跑
第10周	6.4公里轻松跑	休息	14.4公里山路跑	12.8公里轻松跑	16公里配速训练:1.6公里轻松跑,12.8公里全程马拉松配速跑,1.6公里轻松跑	4小时轻松跑	2小时轻松跑
第11周	休息	11.2公里轻松跑	12.8公里山路跑	11.2公里轻松跑	16公里配速训练:1.6公里轻松跑,12.8公里全程马拉松配速跑,1.6公里轻松跑	4小时轻松跑	2小时15分钟轻松跑

第12周	休息	9.6公里轻松跑	16公里山路跑	9.6公里轻松跑	16公里配速训练：1.6公里轻松跑，12.8公里全程马拉松配速跑，1.6公里轻松跑	2.5小时轻松跑	2小时轻松跑
第13周	9.6公里轻松跑	休息	16公里山路跑	12.8公里轻松跑	19.2公里配速训练：3.2公里轻松跑，14.4公里全程马拉松配速跑，1.6公里轻松跑	7.2公里轻松跑	4公里轻松跑
第14周	休息	11.2公里轻松跑	19.2公里，在中间安排12组2分钟跑坡练习	9.6公里轻松跑	16公里配速训练：3.2公里轻松跑，11.2公里全程马拉松配速跑，1.6公里轻松跑	2小时轻松跑	2小时轻松跑
第15周	6.4公里轻松跑	休息	9.6公里山路跑	9.6公里轻松跑	12.8公里配速训练：3.2公里轻松跑，8公里全程马拉松配速跑，1.6公里轻松跑	60分钟轻松跑	60分钟轻松跑
第16周	9.6公里轻松跑	休息	6.4公里轻松跑	休息	4.8公里轻松跑	比赛日	庆祝日

RACE EVERYTHING

07
非常规赛事训练
及比赛

HOW TO
CONQUER ANY
RACE AT
ANY
DISTANCE IN
ANY ENVIRONMENT
AND
HAVE FUN
DOING IT

RACE EVERYTHING

自从参加了摩尔镇（Moore town）10 公里裸跑之后，我对如何参与比赛有了更多的经验。我认为，当天在赛道上不止一个补水点能方便地提供大量的水，但是当时每个人都表现得非常坚强，或者也可能是不太懂得如何补水才有更佳的表现。现在在很多赛事上你都可以找到甜甜圈、葡萄酒、热巧克力……总有你想要的。还有一些赛事是在遥远的异国他乡或者是在一些具有挑战性的地理景观区举行。跑步确实能带我们去任何地方，我有一大堆奖牌和号码布来证明这一点。

梅多克红酒马拉松是个比较独特的赛事。我见到过有一些其他赛事试图模仿它，但是你真的无法复制 42 公里长的法国葡萄酒产区，无法复制它的 21 个酒庄，以及沿途的 21 个葡萄酒供给站。所有这些提到的就是位于法国波尔多地区北部的梅多克。这项赛事始于 1984 年，它的受欢迎程度跟那些大城市办的马拉松赛事有得一拼，尽管赛事的主办方每年不得不将参赛人数限制在 8 500 人左右。在这些参赛者当中，很少有人出场时会不穿特别的服饰。我可以告诉你，如果不穿的话，站在那儿一定会感到相当的不自在。我参加了 2011 年的那届赛事，当时主办方从太阳马戏团（Cirque du Soleil）请来演员在比赛起跑线上表演，演员们从 6 米多高的建筑物上吊下来，和马上就要出发的选手们击掌，为他们加油。

那年赛事的主题是动物，我特意准备了企鹅装，其实就是件连体服，只是我没有把脚也套进去，原因大家都懂。唯一的问题是，那天的气温高达 32 摄氏度，穿着这件黑色的、上下一体的毛茸茸的衣服，让我相当不自在。马拉松之旅（Marathon Tours）的首席执行官汤姆·吉利根（Thom Gilligan）穿了一套大猩猩的服装参赛。在开赛之前，我想："好吧，如果汤姆能钻进那只大猩猩的身体里面跑，我也一定可以搞定这只企鹅。"我不知道的是，汤姆根本就没打算跑完全程。大约跑到一半的时候，他摘掉大猩猩头套，跟我说了句"再会"，然后转头就回起点去了。

在这条赛道上，所有 21 个补给站前都有不少组织者安排的工作人员，他们态度和蔼，邀请每一位参赛者在每一个站点前停下来、品尝一点红葡萄酒或白葡萄酒。跑者一定要记得先喝点水、吃几块饼干后再喝酒，以免出现麻烦而退出比赛。虽然他们只会给每个人倒一小杯，大概 30 毫升，但是随着当天温度逐渐升高，你又要穿着企鹅服装跑完 42 公里，如果不加小心的话，这些葡萄酒累积起来就很容易出事了。沿途没有多远就有食品补给，有 21 个食品摊位提供牡蛎、火腿、牛排、奶酪，还有冰激凌。我记得在 40 公里的时候我吃了个冰激凌，太美味了，于是我又跑回去多拿了些。整个赛道安排真是太有创意了。当然，也有很多人跑到最后都有点儿醉了。

梅多克的组织者忠于他们的使命，他们的官网这样写道："如果你相信运动意味着健康、有趣和欢乐，那么这个马拉松就是为你准备的。扫兴的人、恶棍，还有专门想破纪录的人，我们不欢迎。"

我喜欢梅多克马拉松这样的赛事，它们提供了一个让我们不再那么紧张的理由，也让我们不被任何成绩目标所束缚，转而享受跑步的过程。你会跳出常规，去体验一种新的文化，会和你原本不认识的人们一起开怀大笑。想想看，有多少次我们在比赛排队时心里紧张不安，感到七上八下？有多少次我们准备好了手表，一门心思就盯着终点线跑？这些都不是典型的非常规赛事想要给你的。在这里关键是要有乐趣，或者接受一个独一无二的挑战。

　　非常规赛事不需要多说关于赛前准备的话，更多的是丰富自己的经验（能为你将来出书准备不少故事）。这里我收集了一些过去 40 年里的精彩部分。

山地马拉松

　　当我回想参加过的所有比赛时，我发现自己从来没有像到达派克峰山地马拉松赛终点线那样开心过。这绝对是我最喜欢的马拉松赛事，以前说过很多了。我喜欢赛道的艰辛、比赛的氛围……整个比赛从头到尾我都喜欢。

派克峰山地马拉松

　　如果你对 8 月份的派克峰山地马拉松赛不熟悉，那我就先介绍一下。马尼图斯普林斯（Manitou Springs）位于科罗拉多州的科罗拉多温泉（Colorado Springs）以西约 10 公里处，海拔高度为 1 920 米。

参赛者要跑上派克峰海拔 4 302 米的顶峰，一共有 2 382 米的爬升。如果是参加全程马拉松的话，还得下山跑回去。平均的上升坡度为 11%[①]。这个坡度在爬升过程中很有挑战性，在下降过程中，可以说是另外一种完全不同方式的残酷考验。

赛道大部分沿着派克国家森林公园的巴尔小道（Barr Trail），道路很窄，是比较有技术性的岩石、树根、砂石路段，还有急转弯路面。过去 3 年内没有参加过此项赛事的选手想要报名的话，必须提供在 6 小时或更短的时间内完成全程马拉松或更长距离赛事的完赛证明才行。

我在 1991 年参加这项马拉松赛的时候，在上山的过程中我做得很不错。到半程的时候我大概是排在第 25 名，感觉也挺好。我很期待下坡路段，因为那是我擅长的。不过，真到了下坡路段，我没有预料到下坡竟然如此艰难，我算是自己把比赛给搞砸了。赛道确实很棘手，它是一条狭窄的小路。当然，当你像球一样往下滚的时候，还有跑者在往上爬。规则规定向下跑的参赛选手有先行权，然而，当你向终点飞奔时，你永远不会想有什么人因为意外事故出局。我还记得我是踩在了一块大石头上，石头松动了，然后我就摔了一跤。我爬起来后，没管身上的刮伤擦伤，继续跑步。然后，又第二次摔倒，臀部被撞到。在那之后，我就没办法保持之前的那种速度了。

我感觉自己笨手笨脚，但是当我到了医疗点，看到有很多人都出血了，这让我感觉多少好了一些。医务人员拿着那些看着像大号牙刷一样的软毛刷子，从我的伤口处刷出很多小石头。帮我清理伤口的那个人告

---

① 即水平方向每 100 米，垂直方向上升 11 米。——译者注

诉我说会疼，我说："我没有任何感觉。离结束这场比赛还要下很长的
坡，你可以用钢丝刷我，我不会动的。"我的手肘、肩膀、膝盖和脚踝
都嵌进了小石头。这就是派克峰，有血，有汗，有泪，无愧其名。

我喜欢派克峰的另一个原因是住在马尼图斯普林斯。这是一个古色
古香的山城，每个人都在跑步或参赛。无论你到哪里，每一家餐馆、咖
啡店、冰激凌店都挤满了跑者。参赛者和志愿者之间非常融洽，你会情
不自禁地享受其中。

这几年我的速度慢了很多。我在 2013 年和 2014 年又参加了这项
赛事。我跟着第二批队伍起跑上坡，这是此项赛事的另外一个选择：21
公里的爬升。在比赛的 8 公里处，你可以听到山顶广播员宣布获胜者
已经冲过终点线。声音在山中回荡，你会想："哇，我再花 3 个小时也
到不了那里，这些人居然已经完赛了。"但是，不管你花了多长时间，
生活中很少有什么事情比爬上一座山更有意义了。

派克峰山地马拉松参赛贴士

1. **像参加常规马拉松赛一样训练。**如果你正在参
   加登山比赛，你可以像参加常规马拉松比赛一样
   进行跑量累积训练。你可以以和普通马拉松比赛
   大致相同的完赛时间为目标来训练备战派克峰山
   地马拉松。当然，不要忘记在你的计划中加入大
   量的爬升路段。
2. **保守一点。**比赛开始阶段尽可能保守一点，这

至关重要，这一点我强调过无数遍了。要保持良好的状态，每隔 10 分钟做一次身体检查，看看自己的呼吸怎么样，心率是多少，是否需要补水，要不要吃根能量胶。我建议你尽可能长时间地保持在一个舒适的配速上。

3. **可以走几步**。除非你是一个优秀的运动员，否则在比赛中免不了走上一段路。即使是那些跑在队伍前面的人，随着地势变陡，海拔升高，他们的速度也会明显减慢。记住，你得尽可能地节省体力。在某些情况下，走上几步实际上比强行跑步更快，也更有效率。

4. **要有耐心**。赛道多数情况下都比较狭窄，某些时候你会想要超越前面的人，请等到赛道变宽一些的时候再行动，否则你就会花很多精力去绕开你周围的人群。

5. **天气变化莫测**。对待天气，你不妨抱最好的希望做最坏的打算。有时候天上没有一丝云彩，有时候在接近山顶时会遭遇暴风雪。山里的天气瞬息万变，极难应付，所以最好随身携带防水用具 ①。从山脚到山顶，温差可能会达到 10 摄氏度。

6. **保持前进**。当你向山上行进的时候，你会看到后面的很多跑者从赛道小路上离开，在旁边的岩石上坐下。我知道你肯定也想歇歇，但我还是要建议你继续朝前走，因为你一坐下去再想重新起

---

① 可以是雨披，也可以是冲锋衣等防水装备。——译者注

来就会很困难。你可以放慢脚步，如果需要就走几步，但是始终要保持一只脚搁在另一只脚前面，向前进！

7. 携带一些保暖衣物到终点。 树线 [1] 上方的温度会比下边更低。如果你只参加登山赛，在终点你可能需要等一阵子穿梭巴士，才能返回马尼图斯普林斯。

亚索锦囊

应对高海拔赛事的 4 大策略

当谈到在派克峰或者其他高海拔地区举办的赛事时，我最常碰到的问题是，如果自己生活在海平面地区，那该如何应对这种高海拔。

为什么在海平面以上 1 500 米或更高的地方跑步会困难？因为氧气浓度不够，这就意味着你的心肺系统要支撑你的肌肉运作更为艰难。

在高海拔的地方，你的每公里配速将要比海平面慢上 12 秒到 37 秒，如果你上到 3 000 多米甚至更高地方，配速会下降得更加明显。如果你还要跑过很多山坡路段，那就更慢。这其实很正常，因为就算生活在高海拔地区的人们遇到上坡也会比平时慢。

简单来说，就是如果你只是在高海拔地区逗留几天，你就没办法做什么特别准备。但是你可以采用一些策略来应对：

1. 安排好到达时间。 生理学家说，如果你能提前

---

[1] 指天然森林垂直分布的上限。在高山顶部，由于温度过低或低温时间太长，树木就很难生长。——译者注

两周到达高海拔地区，你就能在比赛当天适应。
不过因为有工作及其他责任在身，这个方法不太
可行。因此，如果你无法提前两周到达，专家们
建议尽可能在最接近开赛的时间到达。如果你
能提前一晚抵达，且比赛在到达后 24 小时内进
行，你可以欺骗一下身体。因为不到 24 小时的
话，身体还没有来得及反应你在哪里，所以你就
不会像那些到达时间超出 24 小时的人那样感觉
疲劳或者产生高原反应。

2. **补水。** 山区干燥，水分蒸发很快，你甚至都没
有意识到自己出了很多汗。多喝水是避免高山
病 ① 的关键，而缺水则会让一些刚到高海拔地区
的人头痛。在到达目的地以及参赛之前，都要不
断地小口喝水或运动饮料。

3. **调到山地时间。** 这里说的不是时区而是说要降
低你的强度，最好手表也别带，把它留在家里吧。
你必须调整一下期望值，用身体感知强度来代替
时间。放慢点儿，跟山地融为一体。我会一直关
注自己的呼吸和心率状况。如果你平时每公里跑
4 分 20 秒，那你就可以看到自己在 2 400 米高
的地方每公里要花 12 分钟以上徒步，是不是觉
得晕了？最好别知道这些，把你的计时装备放在
家里就好。

---

① 从低地迅速进入高山的人群，当上升到海拔 3 600 米处时，部分人会出现高山反应，如恶
心、头痛和呼吸急促等症状。——译者注

4. **不要被吓住。**当有些人来跟我说，他们永远不
会考虑参加在高海拔地区举办的比赛时，我真为
他们感到难过。如果你不假思索地排斥这些体
验，你就会错过很多精彩的机会。其实，只要你
尽所能好好地训练就行。如果你人在佛罗里达，
准备参加派克峰山地马拉松赛，那就跳上跑步
机，把坡度调大，你要做的就是这么多。重新调
整一下期望值，好好欣赏风景，我向你保证，你
不会后悔参加这个比赛。没有哪儿的风景比自己
双脚爬上去看到的风景更美了。

极地马拉松

跑到南极洲去参赛，听起来就很不寻常。因为我得到过这样的机
会，所以我可以说我在七大洲都跑过步，这是一项我深感骄傲的成就，
我很荣幸能得到这个机会。

南极洲马拉松

安全到达南极，是参加南极洲马拉松赛的第一步。1999 年，我和
其他大约 170 名跑者成功抵达了那儿。我们先在阿根廷的布宜诺斯艾
利斯碰头，然后飞到火地岛省（Province Tierra del Fuego）的首府——
乌斯怀亚（Ushuaia），它是世界上最南端的城市，感觉像到了地球尽头。

从那里我们登上了一艘没什么多余装置的货船。接下来的 3 天里，船通过比格尔海峡（the Beagle Channel），穿过德雷克海峡（the Drake Passage），经过设德兰群岛（Shetland Islands），来到了南极半岛，我们多数人都晕船了。

大海波涛汹涌，在到达目的地时，船上几乎所有人都精疲力竭。我决定在晕船期间试着在甲板上跑一跑，那时我们正在穿过德雷克海峡。当我正绕着一个小圈跑，想呼吸一些新鲜空气的时候，船遇到了一个 6 米多高的大浪。我被抛到半空中，然后"砰"的一声又摔回到甲板上，冰冷的海水打在我的身上，这就是我在甲板上跑步的经历。

当我们最终抵达乔治王岛（King George Island）时，我们还有 2 天的时间恢复体力。我被指派为比赛的赛道做标记，汤姆·吉利根（Thom Gilligan）、比尔·塞雷斯（Bill Serues）和我登上了一艘 Zodiac 号充气艇，充气艇上载有 GPS 定位系统、大约 1 000 面红旗、一些啤酒和几瓶伏特加。我们驾着四轮车通过冻原地带，将啤酒和伏特加带给白令豪山科考站的俄罗斯科学家，夏季的几个月里他们就在那里研究天气和野生动物。在南极洲的大部分人都在进行各类研究，他们所在的基地散布在整个地区。

我们在赛道边插上那些红色旗帜，这是让参赛者们明白在哪儿跑的唯一方式，因为那儿根本没有路——我第一次遇到了贼鸥，那是一种掠夺性鸟类，它们的巢就搭在那片地区。我在冻土上钻孔插旗时，一只贼鸥俯冲下来，啄了我的头一下，然后是另一只……哎哟，它们越来越多，狠狠地向我进攻，我只好用胳膊来护住脑袋。就算到了今天，我宁愿面对一只熊，也不愿和任何一只这种鸟打交道，它们护起巢来可真够狠的。

　　比赛的日子到了，气温大约是零下 6 摄氏度，天气晴朗，我跑的是半程马拉松。在开赛前我有个工作，搭好台子摆放佳得乐饮料及食品，以便参赛者能自助补给。当我们跑到 6 公里多的时候，我看到食物饮料都被那些贼鸥破坏了。它们啄破了可乐罐，撕开了能量胶的外包装，东西弄得满地都是，我们的自助补给站被这些"愤怒的小鸟"破坏了，对此我们无能为力。你在南极洲跑步的时候，只能有什么就凑合着用什么了。那些鸟儿使我感到挫败。幸运的是，在比赛开始后这些鸟远离了大多数参赛者。唯一受到攻击威胁的是跑得最快的和跑得最慢的。这些贼鸥貌似会躲开人群，不时地攻击那些单独跑的人。

　　当时是 2 月，这个月份的南极有冰川，也有相当多的淤泥和雪，还有广袤无垠的美丽风光和很多野生动物。我们看到了鲸鱼、海豹，当然还有企鹅——在这里，你可以看到数量惊人的企鹅。

　　很少有人会来地球的这个角落，你真的需要用点时间好好欣赏这里，感恩能来到这里。没有人会想着去设定马拉松纪录目标，你也没办法为这样的比赛做什么准备。这里的天气和芝加哥的冬天差不多，所以并不像很多人想象中那么可怕。有个人总穿着短裤在跑步，不过我们其他人都穿着一层又一层的衣物，包括紧身衣、夹克，并且戴着帽子和手套。你必须为大风雪做好准备，不过我们那年很幸运，天气不错。比赛很艰难，最有挑战性的地方是那些又深又黏的泥浆地，它能把你的鞋子从脚上吸下来。

南极洲马拉松参赛贴士

1. **不用戴手表。** 参加这种非常规比赛，通常把手表放在家里，然后好好体验享受就行，这是正确的做法。这趟旅行最重要的目的就是沿途和其他跑者建立密切联系；看看这世界上很少人来过的地方，并且欣然地接受这样一个事实：是你的跑步能力带你到这儿的。不管跑的是半程马拉松还是全程马拉松，都值得为在如此特别的地方完赛而感到由衷的高兴。

2. **保护生态环境。** 我们这次旅程一开始，组织方就实施了许多新的规则，以减少跑者或赛事对当地生态系统的影响。在出发之前，你会被告知所有的信息，不允许带坚果或者种子，当然首先就是不能乱扔垃圾。

3. **其他的跑者也是给你加油的拉拉队长。** 这个赛道在过去几年调整了好几次，现在则是绕着约 7 公里的大圈跑。对一些人来说，这听上去可能很糟糕，但是这样才能让你可以多次经过补给站。因为没有什么人住在那里来观看比赛，所以跑者才是给你鼓励加油的人，你可以在绕这个圈时看到他们很多次。

4. **南极洲的地势并不平坦。** 沿赛道那个圈的边上有一些山，所以要做好准备。如果气候变暖，泥浆地会是你遇到过的最可怕的地形。在跑过某些地方的时候，泥巴可能会很厚，跑着会相当困难。

5. **每个人都需要乘坐橡皮艇 Zodiac 号往返参赛。**有人会给你发一套潜水服和防水靴，以免冰冷的海浪把你弄湿。

6. **想参赛需提前准备。**赛事名额提前几年就卖完了，所以你如果真心想参加，要提前做好计划才能确保有名额。

铁人三项赛

坦白说，我的生活中并不只有跑步，我也会去参加不少游泳和自行车的比赛。事实上，有段时间我可以很专业地把这三个项目串在一起完成，并且参加了加拿大铁人三项赛（Ironman Canada）。当我顺利完赛后，我获得了 2000 年在夏威夷科纳（Kona）举行的世界锦标赛的参赛资格。

事实上，我一直都是交叉训练的大力支持者，但是对我来说，铁人三项的备战训练可不仅仅是交叉训练的内容。我已经完成了 6 个大铁赛事（游泳 3.8 公里，骑自行车 180 公里，跑步 42.195 公里），包括在纽约普莱西德湖、威斯康星州、加拿大，还有科纳举办的比赛。

当我需要集中精力为这些比赛做准备时，我很难坚持下去，因为我得经常出差。如果你只是为了赛事而做训练，带一些短裤和鞋子出门就好。当你还需要骑车和游泳的时候，你在离家之前就需要做一个完全不同的安排和筹划。我试过一周游泳两次，如果不出差我会骑车上下班，当然，也会继续做我的常规跑步训练。不管怎样，我做到了。

你很快就会明白比赛中花时间最多的是骑自行车。幸运的是，我已经掌握了长途骑行的技巧。作为一名职业跑者，我的腿部肌肉记忆很好。对我来说，最薄弱的运动项目就是游泳。我从来没有投入必要的时间去做得更好。不过，像许多铁人三项运动员一样，我受到的影响不算大，因为游泳是比赛中最短的部分。

加拿大铁人三项赛是我的最爱，因为它的自行车赛道很有挑战性，现在它在不列颠哥伦比亚省惠斯勒（Whistler）举行，这个小镇的感觉跟派克峰的马尼图斯普林斯一样。以前这个赛事在彭蒂克顿（Penticton）举行，那里的每个人要么参赛，要么跟赛事有关联。当你开始着手完成这么一个令人生畏的目标时，你能感受到一种热情和支持，这是一种很好的氛围。对我来说，加拿大甚至比科纳更好，加拿大铁人三项赛是一个每个人和铁人赛都有点儿关系的比赛。

在加拿大的比赛中，我记得最清晰的是骑自行车到达里克特隘口（Richter Pass）时的情景，那是一个连接西密卡米恩谷（Similkameen Valley）和南奥卡那根（South Okanagan）的山口。当时天开始下起雨夹雪，我们还被天上掉下来的冰雹砸到。大多数人可能不会喜欢，但我觉得真是太棒了。道路也没有因此变得太滑，这可真是件好事，它让整个体验更加有趣，我很喜欢。

然而，科纳充满神秘感，令人景仰，想获得那儿的参赛资格可不是一件容易的事。

科纳让我想起了波士顿马拉松赛，尽管比起波士顿马拉松，它的历史还很短。这也是世界上最好的铁人三项运动员的聚会。当时我正与莱姆病抗争，不过我知道这是我参赛的唯一机会，所以我决定试一下。无论我感觉如何，我都想尽我最大的努力，因为我不知道我是不是还能再来一次。

每个人都说游泳危险，不过我还算顺利地游完了。比赛中你很可能被其他参赛者打到或者撞到，确实有点儿粗暴，有点像在洗衣机里游泳一样。我顺利地完成了游泳项目，然后骑上了自行车。我唯一的目标就是在这 180 公里的骑行中不发生任何意外。因为你骑得越轻松，你就会骑得越好。这也是给自己安排补给和补水的关键时刻。

我没想到的是跑步这么艰难，超出我想象。那天我倒没有感觉太热，在夏威夷，"热"是一个影响水平发挥的重要因素。但是我和自己做了个约定：我必须在自己不能参加这种级别比赛之前完成这项比赛。所以我试着去接受当下，为我能做到的一切感恩。我禁不住想起那些早期曾参加过的比赛场面，例如 20 世纪 80 年代，那个时候戴夫·斯科特（Dave Scott）每年都登上领奖台，一时成为传奇。

经常有人会问我一个问题，为什么跑者不能集中精力专注于跑步训练？这些跑者讨厌交叉训练是出了名的，但是，我喜欢在自行车上快速骑行的感觉，有把几种训练混在一起的能力。增加骑自行车和游泳训练时间也可以让你跑得更持久，它们会以一种没什么压力的方式增加你的力量，提升你的心血管健康水平，这些会让你变得更好，还能降低受伤的可能性。当然，当你训练的时间像铁人三项赛一样又长又磨人时，你跑步的速度也会下降。骑自行车太长距离同样会使你的跑步速度慢下来，但是当你全力进行跑步训练时，它很快就会恢复，而且你还有其他方式进行大量的力量训练，这些都能提高你的运动能力。

铁人三项参赛贴士

1. **如果你是追求成绩的人，你必须改变你的态度。** 也许你是一个很强的跑者，但你在骑完自行车之后可能就不再是了。不要让它打败你，这只是挑战自己的另一种形式。

2. **不要一开始就盯着大铁赛事。** 就像我建议跑步新手从 5 公里开始一样，对于铁人三项的新手来说，最好的方法是从争先赛和奥运标铁赛①开始，时间虽然短得多，但能让你感受到这项运动的难度，对你来说也许这种强度就已经足够了。你要么会从此成为发烧友，还想再继续参加半程大铁和大铁比赛，要么会说"好了，就此打住"，所以循序渐进就好。

3. **忘掉里程。** 铁人三项运动员不会用里程数来衡量他们的训练，他们按小时算。另外，在你开始备赛铁人三项时，你要在自行车和游泳这两个项

---

① 即游泳 1.5 公里，自行车 40 公里，长跑 10 公里。——译者注

目上多投入——多训练你的弱项，而不是你的强项。我们总是喜欢做我们更擅长的事情，但这不能帮助我们在其他项目上表现得更好。

4. **如果你真的不擅长游泳，那就要去上课。**几乎每一个社区都有一个基督教青年会（YMCA）[①]或类似的康乐中心。那里有经验丰富的游泳教练，你可以去上几次私教课，好好学一下，它能帮助提高你的游泳成绩。如果你泳姿不好，你也不可能游得很快。如果你已经掌握了足够的技巧来保持漂浮，并且可以向前游的话，那就可以考虑参加一个有教练指导的"大师游泳队"。如果你以前没有游泳比赛的经验，就很难确定一个有效的训练计划。当你不需要考虑自己的训练计划时，游泳就简单多了。请注意，游泳里说的"大师"并不是像跑步领域一样的相同年龄组，所有 18 岁以上的人都可以参加"大师游泳小组"。

5. **请不要花一大笔钱买一辆自行车以及其他铁人三项装备，除非你能确定在未来几年里你都能充满热情地持续进行这项运动。**如果你已经有辆自行车，不管多烂，都不要理会那些拿它打趣的人，先骑一段时间再说。如果你真的对继续从事这项运动感兴趣，那就很有必要研究一下所有的公路和铁人三项自行车的种类，然后再去选择。最重要的是选择适合你的自行车。许多人会测量各项

---

① 一个国际化的社区服务组织，人们可以在里面以较低价格运动及上课。——译者注

尺寸，还会做出必要的改装。你要确保骑上自行车后感觉很舒服，否则你是不会想骑的，而且也有受伤的风险。

6. **跑慢一点**。对于那些花了很长时间竭尽全力让自己跑得更快的人来说，这可能是个挑战。但是现在你要训练更多的内容，所以你必须放慢跑步速度来保存实力。另外要注意的是，当你在铁人三项比赛中进行到跑步这一部分时，你可能不会有以前那样的速度。毕竟，在这一项运动开始之前，你已经做了很多运动了。

7. **减少你的跑量**。在你的日常训练中增加两次游泳，还要花大量时间骑自行车，自然会减少你的跑步时间。不要慌，你还是可以跑，只是不需要跑那么长的距离，也不用跑那么多次。

8. **补给**。除非你很熟悉超级马拉松，否则你不会知道参加铁人三项比赛需要带多少补给。但是，就像跑步比赛的经验需要累积一样，如何安排铁人三项比赛中的补给也需要时间来进行尝试。在自行车比赛部分进行补给是最方便的。这部分持续的时间最长，所以有必要保证糖原的充足储备。这样在你跑步的时候，你就不会体力不支了。

9. **学会如何快速换项**。游泳、自行车和跑步之间的时间都会计入总成绩，所以很多铁人三项运动员需要多练习换项。在你早期的几场比赛中，换项可能会显得很笨拙。在尝试几次之后，你就可以学习到在换项区如何组织转换。在训练中，当你在公开水域游泳时，练习换项是很有趣的。当你离开水面后，你要脱掉你的防寒泳衣，穿上袜子、鞋子，戴上太阳镜、头盔，还有手套，然后骑车离开。

10. **换项时的注意事项。**在第二次换项时一定要记住，在开始跑步之前，要把你的自行车头盔拿掉，因为真的有很多人会忘记取下来。

亚索锦囊　　**铁人三项的基本装备**

很多跑者不太愿意尝试铁人三项运动，因为看起来装备投入太大。你不需要马上就把所有东西买齐，当然也不需要去买最好的装备。以下是我的一些建议：

游泳

1. **防寒泳衣。**许多铁人三项赛事的游泳项目都是在公开水域里进行。如果气温很低，你需要准备一套防寒泳衣，它不仅让你暖和，还会增加你的浮力①。先试穿一下确保尺寸没有问题，以免穿上后觉得约束。如果你神经紧张，尺寸又不合适的话，很可能就会觉得窒息。当地的一些商店里可以租到防寒泳衣，如果你不想买的话，这也是一个很好的选择。

2. **泳镜。**一定要在训练中试用一下你的泳镜，避免在比赛的

---

① 穿防寒泳衣有一定限制，例如大铁赛事中，如果水温超过24.5摄氏度的话就不允许穿。——译者注

时候才发现漏水。

自行车

1. **自行车**。你可以选择能把你从 A 点带到 B 点的任何一种运动方式。如果你最终爱上了自行车骑行，那么你就会像买汽车一样去寻找一辆合适的自行车。如果你愿意，你甚至可以花同样多的钱买下它。要确保你使用的自行车适合你。没有什么比一辆不合适的自行车更糟糕的了，如果你感觉不舒服，就不会想去骑它。

2. **小巧的工具包**。你需要准备一套工具包，里面有修理自行车所需要的所有工具，并且在比赛开始之前你就要学会怎么使用。

3. **头盔**。不用说太多，一定要找一个戴着舒适的头盔，用来保护你的头部。

4. **太阳镜**。戴太阳镜不只是看起来很酷或者感觉很炫，它能保护你的眼睛不受阳光的影响，这点很重要。骑自行车时，它还可以保护你，让你的眼睛不会被小石头或小虫子伤害到，那些石头随时会从路面上蹦起来弹到你身上。

5. **水壶**。你最好在自行车上装上几个水壶架，要确保你的水壶能装进架子，且不会被颠出来滚走。

跑步

1. **跑鞋**。我觉得你应该对它非常了解了。

2. **太阳镜**。它又出现了，这是个很好的保护装备，我以前跑步基本上没怎么戴，但这样真的不好，我也因此付出了代价。

RACE EVERYTHING

08
接力赛和背靠背训练
及比赛

HOW TO
CONQUER ANY
RACE AT
ANY
DISTANCE IN
ANY ENVIRONMENT
AND
HAVE FUN
DOING IT

RACE EVERYTHING

　　20 世纪 80 年代末，我在某个星期六参加了一场在坦帕（Tampa）举办的加斯帕里拉长跑精英赛（Gasparilla Distance Classic），这场长距离比赛有 15 公里。后来，我又决定那天晚上要在迈尔斯堡（Fort Myers）再参加一个 5 公里赛。很早以前，人们不会考虑在两天内参加一场以上的比赛，更不用说在同一天进行两场比赛了，大家都认为我是个疯子。我这么做是因为这两场赛事中我都有责任为《跑者世界》工作，所以我想，为什么不能两场比赛都参加呢？我知道在当时这事儿很不寻常，不过也非常有趣。

　　我没有意识到我走在了潮流的前面，不过我记得在 20 世纪 80 年代初，就有人在两天内参加了从 100 米到马拉松一共 5 场比赛。但一直到 2006 年，这一切才成了主流，当时华特·迪士尼乐园马拉松（Walt Disney World Marathon）决定同时举办马拉松高飞赛（Goofy's Race）和半程马拉松挑战赛，活动负责人约翰·休斯（John Hughes）告诉我，他认为可能有 200 人会报名参加星期六的半程马拉松和星期日的全程马拉松，而且他们只是为了获得吹嘘的资本和一枚高飞狗奖牌。结果他估计错了，在第一年的赛事中，就有大约 3 000 人报名参加整场挑战赛。由此，一个全新的赛事活动就这样诞生了。从那以后，华特·迪士尼乐园还增加了小矮人挑战赛（Dopey Challenge），这项赛事需要选手在活动举办的 4 天内跑完全部的 5 公里、10 公里、半程马拉松和全程马拉松。

为什么会有这么多种赛事活动？我相信这些都是因为追赶潮流。完成比赛后得到的奖牌和 T 恤对人们的吸引力出乎我的想象。就像所有的新挑战一样，跑者们涌向这些赛事，因为对他们来说这是一个获得新奇、独特成就的机会。现在，这类赛事有很多选择，包括《跑者世界》举办的半程马拉松及庆典活动。我们鼓励人们在整个周末参加越野跑、5 公里、10 公里和半程马拉松等各类组合赛事。跑友们告诉我，当他们外出旅行去参加某个比赛的时候，他们想完成所有的项目。如果你能给比赛取一个有创意的名字，例如高飞、小矮人、帽子戏法、五分一毛或者大满贯……看起来似乎会更具吸引力。实际上，我们还必须让人们知道，在《跑者世界》举办大赛中"帽子戏法"是什么意思，因为很显然，跑步的人都不怎么去看冰球比赛。

这些年来，接力赛也越来越受欢迎。我最喜欢的一项原创赛事是从雪山到海滩的接力赛（the Hood to Coast Relay，简称 HTC）。由 12 人组成的队伍从俄勒冈州的胡德雪山（Mount Hood）的山林小屋酒店（Timberline lodge）出发，跑 320 公里到海边终点。1995 年，《跑者世界》也派出了一组队伍参加，这场比赛是我最难忘的比赛之一。我的其中一段接力跑的配速为每公里 3 分 12 秒，当时我像上了发条一样，感觉很好。

我当时跑起来感觉不怎么费力，所以我无法想象在那个时候有谁还能比我跑得更快。直到我看到有个身影距离我越来越近，他就是艾伯托·萨拉查。这位"大神"在纽约马拉松赛上得过 3 次冠军，还获得过1982 年波士顿马拉松的冠军。在暂停运动一段时间后，艾伯托重返赛道，他刚刚赢得了南非同志超级马拉松的冠军。在俄勒冈州这个特别的晚上，他和他的团队——Mambu Baddu①正跑在赢得 HTC 拉力赛的路上。最终，这支队伍打破了赛道纪录，他们的完赛成绩是 15 小时 45分 55 秒，这意味着他们跑完整个 320 公里的平均配速为 3 分钟，那真可以称为"高速巡航"了。

当时，我怎么看艾伯托都觉得他简直就在飞行。看着他从我身边呼啸而过，我却好像陷在泥浆里一样，动弹不得。对我来说，这其实是最酷的事情——我什么时候才能在比赛中再次领先艾伯托·萨拉查？他们团队比我们队大约晚两小时才出发。这是 HTC 拉力赛的魅力之一，你永远不知道还有谁在赛道上。我喜欢这种赛事的趣味性，就像是一场寻宝游戏，比赛、派对都在同一时间，只要你沿着这条路一直跑到沙滩上就好了。

这些接力赛和周末组合赛事之间的共同之处在于，你必须在比赛那几天，在不同的跑步距离里合理控制你的身体强度水平，通常你还会存在一些睡眠不足的情况。如果那个周末你在第一项比赛或接力赛就开始发力，你很可能会给自己带来麻烦。这种比赛压力带给每个人的反应都不一样，但我可以告诉你，当你和一群跑者一起做一些有点儿疯狂的事情时，你会有不少回忆，并且会有很多的笑声，甚至还会有一些泪水。

---

① 斯瓦西里语，意为"最好的还在后头"。

在我参加过的所有不同类型的比赛里，经常会回想起来的是 2013 年从迈阿密到佛罗里达州基韦斯特（Key West）的拉格纳尔接力赛（Ragnar Relay）。不幸的是，由于地方政府审批的问题，该项赛事目前已经停办。我们离开市区向基韦斯特跑去，路上经过了一座窄桥，四周没有任何东西挡住地平线。太阳在我们的右边落下，同时月亮在我们的左边升起。这幅景象激动人心，是跑步带给我们，让我特别欣赏和感恩的自然美景之一。

在这项运动中，正是这些独特的比赛带给了我最好的体验。很明显，它们将乐趣融入日常跑步当中。我们大多数人很长时间内都太过于关注个人纪录和表现，这是错误的，会很容易让人感觉到疲倦、劳累，忘记我们跑步的初衷，跑步应该提升我们的生活质量才对。只有保持这项运动的纯粹乐趣，才会令人精神振作并焕发活力。用新的或者不同的方式挑战自己也很不错，例如在华特·迪士尼乐园里用 4 天完成 78 公里的比赛，就是达到这个目的的途径之一。

HTC 接力赛

鲍勃·富特（Bob Foote）创办 HTC 接力赛的时候是 8 月份，当时，他在跑步方面需要一个新的挑战。他召集了一帮朋友从胡德雪山一路跑到海滩，沿途由每个人轮流跑。1982 年，有了 8 支 10 人的参赛队伍，每一棒跑 8 公里，完成了这项赛事的第一届比赛，口碑就此传开。如今，已经很难获得参赛名额了，参赛的队伍都需要靠抽签决定。

现在，参赛队伍由 12 名成员和两辆车组成，每一棒接力的距离不同。从山林小屋酒店的出发时间是凌晨 5 点错开到下午 3 点，这样一来，赛道上的车辆和参赛者的流量就比较稳定。如何组织整个团队可能是最困难的部分，怎样给跑者分配接力赛段就像要完成一个拼图一样难。这个赛道有很多部分可能并不是距离最长的，却涵盖了最艰难的地形。你很快就会发现地势明显下降，这可能会在后面损害你的股四头肌。有些路段会暴露在阳光下，这一点也要考虑到。另外，很多路段还是砂石路。赛事主办方为每个跑者提供了一个速查表，评定了各个分段的难度等级和里程，这使得给每个人分配接力赛段时变得容易一些，让每一棒选手或多或少能与赛段匹配以发挥各自优势。当然，这也是乐趣所在。

HTC 备赛训练

根据你所在团队的竞争意识程度，为接力赛做准备应该没有其他赛事那么紧张，但在比赛开始前 6 周的训练中有以下几个方面需要考虑：

1. **了解你的接力段安排。**HTC 的赛道上什么地形都有，所以如果给你安排的任务里有一些比较陡的下坡路段的话，你就要锻炼自己的股四头肌来吸收冲击力。如果安排你在一天中最热的时段至少跑一棒，那么你就应该在高温中进行一些训练。此外，多看有关赛道的信息，尽早组织好你的团队，为你将要跑的赛段做好准备。

2. **找一天进行多次训练。**每周练习 1 次，为期 6

周。可以考虑在上班前、午餐前后或者下班后练习，这样能模拟你在实际比赛时碰到的休息时间减少的状况。你的身体会开始适应这个过程。在这段时间里，你要弄清楚应该吃什么、吃多少、什么时候吃，怎样使你感觉精力充沛，而且不会有任何肠胃不适。你要学会在跑步间隙补充水分，也许还需要花一些时间去滚滚泡沫轴，做一些伸展运动，这样当你整天坐在办公桌前的时候，你也不太可能会搞得全身僵硬。这些每周一次的训练将教会你在比赛中需要做的一切。

3. **在黑暗中奔跑**。可能你会需要在黑暗中至少跑一棒。许多人从未在白天以外的时段里跑过步，所以最好准备一个头灯并练习一下，因为有些人第一次使用头灯的时候可能会有种奇怪的感觉，一开始可能会觉得有点儿头晕，这需要在跑步中逐渐适应头灯的灯光。

4. **制订一个计划**。和团队沟通好，设定恰当的目标，重要的是大家在策略上要保持一致。大多数的队伍去那儿只是为了娱乐和增进友情，而有些队伍可能会像艾伯托那样跑得飞快。不管持什么样的态度参赛，要确保整个团队在准备比赛的时候都能达成一致。没有什么比没有做好充足准备就出现在胡德雪山参赛，从而拖了整个队伍的后腿更糟糕的了。

HTC 参赛贴士

刚到达胡德雪山时，每个人看起来都很光鲜靓丽，精神饱满。请记住这一刻，这是你最后一次看到所有人都如此精神饱满地聚在一起。

在你到达之前，希望你已经把队伍分配到两辆车上。如果你没有两个不需要跑步的专职司机，那么你就要有一个轮流驾驶的时间表，你的行李也要准备好。

跑第一棒的选手出发后，其他人应该按计划进行，并注意以下事项：

1. **慢慢来。**前面 3 位选手需要放松点儿，因为他们要给小组跑完下山路段，非常陡峭。没有理由去追求快配速，让重力带着跑就行。不要受伤，顺着山坡下来就好，为下一棒保留体力。

2. **多打盹。**可能你非常想保持清醒并为队友加油，放心，你有足够的时间去加油的。但是，只要你可以打盹，就要尽量去做，不管什么时候。因为基本上你从星期五的早上一直到星期六的晚上都会是醒着的，所以如果可能的话，尽早小睡一会儿，就算比赛刚开始也可以。

3. **吃、喝、吃、喝。**把你能吃的所有零食都塞进车里，当然，最好沿用你在训练中尝试过的食物。不管什么时候，一有机会就少量地吃点儿东西，不要让自己饿着。多摄入碳水化合物，也可以选择一些富含蛋白质的食物，例如花生酱。每次跑完你的接力段后，要赶紧饮用运动饮料或水来补足水分。

4. **拉伸运动和泡沫轴。**在你跑完第一次和第二次接力棒之后，要慢跑几分钟冷身，在回到车里之前尽可能做一下拉伸运动并滚滚泡沫轴。这些都能让你的身体开始恢复，这样在下一段接力之前，你的状态也不至于太糟糕。

亚索锦囊

组建你的接力赛团队

你应该为你的队伍选择谁呢？组建一个团队有很多方法，最关键的是要有一个每个人都认同的目标：是为了乐趣还是为了竞争？很可能你是为了好玩才到这儿来的。

在我参加过的最成功的接力赛事中，我所在团队里的人员能力都很接近。如果我们能用相同的配速或者每公里配速变化幅度保持在10秒，比赛就能进行得很顺畅。我们可以预估什么时间能到达，能大概知道自己处在什么位置，以及如何在小组里分配接力顺序。如果大家都是水平相当的跑者，一切都会容易一些。

然而，这并不意味着团队一定要这样来选人。很多的参赛队伍都是召集相互有着良好印象的好朋友，然后顺其自然。也有队伍并不在乎成员们是否都是最好的朋友，而是想要的是能让队伍跑出最好成绩的团队成员。这完全取决于你想要什么样的经历。当然，你的团队才是其中最关键的因素。

另一个需要注意的是，你需要一些替补队员。当比赛开始报名时，每个人都很兴奋地想要加入。不过，随着比赛日的临近，人们将会出现生病、受伤或者其他意料之外的各种问题，这都会迫使他们退出。请准备好可以接替他们的人，因为你很有可能需要他们。

1. **早些到接力点**。你不会想给任何人造成压力，所以不要拖延，早些去接力点。如果你有时间的话，请留出足够的时间去洗漱，慢跑热身一下。如果还有时间，再做一下拉伸运动，滚下泡沫轴，检查一下装备，确保带上你需要用到的一切。例如，如果在你这一棒接力段的时候太阳快要下山了，你就需要带一个头灯、备用电池，以及带有反光条的衣服。

2. **保持干爽**。多备几套衣服，这样跑完你那棒就可以尽快换下湿透了的 T 恤和短裤。你肯定不想在两段接力之间体验那种很冷或者极不舒服的感觉。另外，你的身上越臭，你的队友们要忍受的臭味就越多。

3. **互相密切关注**。记住，这是一项团体运动。一定要弄清楚每个人的感受，尽量让你的队员保持乐观。如果司机看起来很累，就想办法让其休息一下。互相支持，保持轻松，因为这是你最有可能留下美好回忆的时刻。

亚索
锦囊　　**接力赛准备清单**

当你有 12 个队员、两辆车，还有很多食物和饮料要装的时候，建议你尽可能地轻装上阵。为了避免重复，你们可以共享弹力带、泡沫轴、瑜伽垫，以及其他可以用来自我按摩的工具。为每个人列出一个大的物品清单，这样 12 个人就不会漏掉或者重复带一些东西了。

除了你的跑鞋和参赛服装之外，还有以下东西要带：
▶ 接力段之间用的 3 套衣服。可以把它们分装到带标签的塑料袋里，这样使用起来更方便
▶ 帽子、防晒霜、太阳镜
▶ 除臭剂、牙刷、牙膏、旅行装盥洗用品等
▶ 休息时穿的舒适一些的鞋子
▶ 备用的袜子和内衣
▶ 一双备用的跑鞋
▶ 防水衣物，包括一件轻便的风衣
▶ 头灯、备用电池、后灯
▶ 所有装备的充电器
▶ 可重复使用的水壶
▶ 小枕头和毯子
▶ 浴巾
▶ 洗手液
▶ 毛巾
▶ 防湿香油
▶ 反光式安全背心
▶ 手表

背靠背比赛

为小矮人挑战赛这样的赛事做准备，与接力赛的备战类似。你必须让身体适应在疲惫状态下跑步，这需要在几个周末背靠背进行跑步训练。

如果你的目标是更长的里程，比如跑完 5 公里、10 公里、半程马拉松和全程马拉松，你当然不需要在训练中也跑这些距离，但是你要考虑进行几周的高峰跑量训练，可以计划在星期四跑 5 公里，星期五跑 6 公里，星期六跑 10 公里，星期日跑 25~28 公里。在你实施这类连续高峰跑量训练的那几周内，一定要有两天跑休。

在那些背靠背的跑步训练中，可以试着模拟一下比赛那个周末两天的安排。你要学会如何在前两个跑步项目中放慢配速，以及如何保守一点，这么做能为后面的长距离跑步项目保存适当的体力，并且在整个过程中维持均匀的强度。这可能需要一点尝试，甚至犯些错误，但我的建议是，为了安全起见，尽量跑慢点。

在周末进行训练期间，你还要练习一下补水、饮食以及睡眠等日常活动。当你参加这样的多样距离赛事时，所有这些日常活动都变得更加重要。你要让身体有效地恢复，就要确保晚上睡眠充足，如果可以，白天也要小睡一会儿，还要在跑后摄入大量的碳水化合物，吃蛋白质丰富的食物。你也需要在每个比赛项目之间不停地喝水或运动饮料。在训练过程中，你要找到能实现最有效恢复的时间安排和方法。另外，虽然你很难做到不被比赛周边环境分散注意力，但是在赛事过程中，还是请尽量坚守你的计划。

　　好消息是，迪士尼比赛里的赛道都很相似，而且相对平坦，你可以不用为艰难的地形做准备。其他赛事的安排就没有那么安逸了，以《跑者世界》举办的半程马拉松和庆典为例，如果你参加大满贯赛事，就需要跑 6 公里多的越野赛跑，还要跑完 5 公里、10 公里、半程马拉松，在 3 天内一共跑 42 公里，你还会在这些赛道上遇到很多坡。星期六要跑的 5 公里和 10 公里之间的间隔时间不是太长，所以你可以放松恢复的时间很短。周末的时候，你应该留出时间进行高强度训练，包括增加一些丘陵地形的跑步训练，这样你的双腿就可以充满力量地跑过宾夕法尼亚州伯利恒起伏的街道了。

背靠背参赛贴士

1. **养成白天小睡的习惯。**我发现在华特·迪斯尼乐园面临的最大的挑战是睡眠不足。早上叫醒服务和起床时间都很早，所以到星期日，当你站在 42 公里起跑线前的时候，你可能会很累。试着在第一场比赛之后养成白天小睡的习惯。睡一会儿肯定会有好结果的。

2. **把 5 公里跑和 10 公里跑当作半程马拉松和全程马拉松前必要的热身赛。**无论你比赛中跑的是什么距离，也不管你要参加多少项赛事，你前两项一定要很慢。举个例子，如果你的马拉松配速是每公里 6 分 12 秒，那么你跑 5 公里和 10 公里的配速在每公里 6 分 22 秒就好，然后在半程马拉松和全程马拉松比赛中再尝试 6 分 12 秒的配速。这就是我完成高飞挑战赛的方法，它很有效。如果你用别的方式可能会失败，大多数按目标配速开始起跑的人，都没有办法在 4 天的比赛里一直维持同样的配速。

3. **养成每天在完成每个项目的比赛后都进行恢复运动的习惯。** 当你冲过终点线之后就要开始做拉伸运动、滚泡沫轴、补水、吃东西。如果你觉得自己刚刚跑得挺轻松舒服，这是一个好的信号，但是不要让这种感觉欺骗了你，不要觉得你不需要让身体进行恢复了，就不去采取所有必要的步骤。

4. **在一天的比赛里，你应该充分补给，以便在接下来的比赛中领先一步。** 如果你在跑步时摄入了能量胶或者其他营养物质，你就能避免消耗。你可能不是太想吃咀嚼片或能量胶，但是无论如何也要吃，这就好像在银行里先存点钱一样。

5. **上床睡觉之前，一定要再做一次拉伸并且滚一次泡沫轴。** 我的经验是，如果你睡觉时身体疼痛并且僵硬，你醒来时会觉得身体变得更疼痛、更僵硬。睡觉前，尽你所能放松双腿。没有什么比在凌晨 3 点为准备下一场赛事醒来的时候却发现无法起床更糟糕的事情了。

6. **带两双比赛用的跑鞋。** 你不会知道什么时候某一双会湿或者破损。

7. **定好目标。**在这种挑战赛里，你很难在任何距离上创造个人纪录，但是为每一个比赛距离设置目标还是明智的。如果你真心希望能以自己最快的速度跑完其中一个，那么选择好哪一个对你来说才是最现实和最重要的。

8. **把全部跑程分成容易接受的分段跑。**例如，不要认为小矮人挑战赛跑的是 78 公里。可以考虑按 5 公里一段拆分一下，可能这样会有帮助；或者把它当作是两次热身跑再加上一个艰苦的周末训练跑。不管怎样，把整个跑程分开处理，让它看起来不是那么难以应对，这都是一个很好的解决方案。

永远不要限制跑步可以带你去的地方

40 多年来，我参加的赛事超过 1 200 场，且还在持续增加中。我跑过的里程已经多得数不清楚了。我常常觉得很惊讶，我的身体竟然还能站立着，而且还能向前跑这么长的时间。如果我遇到的这些健康问题发生在其他人身上，也许他们就不会再继续运动了。很多时候我也认为自己已经完了，但我对跑步的热爱没有停止过，所以我始终没有放弃跑步。当然，这也因为我对疼痛的忍耐力非常高，甚至有点离谱了，差一点让我丧命。一直以来，都是我的头脑和心灵引领着我前行，我的双腿只是紧紧跟随。

跑步是一种平衡的游戏。如果你希望像我一样长久地跑下去，你就需要不断地检查身体的总体状况。伤病会让你不得不心痛地离开比赛，但这正是你需要做的，只有这样才能保证你在这项运动中的长久性。每当我遇到这种困扰时，就像是处在一个十字路口，强行推进只会使问题变得更加糟糕。因为如果蛮干，最糟糕的结果就是导致职业生涯的终结。努力训练和过度训练之间的界线非常微妙，只有在这种关键时刻做出明智的选择，才能保证进行这项运动的稳定性、健康性和长久性。

你的跑步生命周期会和我的一样，也会经历四季轮回、起起落落。当我刚开始跑步的时候，追求的是取得更好的成绩，我想打败我的哥哥乔治，然后想取得波士顿马拉松的参赛资格。我想要跑得更快，想要赢得比赛。我紧紧盯着我的跑量，坚持我的训练配速，翻看着我的比赛日程，我的大部分常规训练都围绕着我的跑步成绩进行。这一切让我着迷，让我投入很多年，即使患莱姆病让这一切变得更困难的时候，我也还是坚持了下来。

从乞力马扎罗山回来后，我经历了一个漫长的康复过程，一直用抗生素进行治疗，试图恢复被疾病夺走的力量，这种情况在我的跑步生涯中发生过 3 次。但这段时间对我的意义重大，就像人生分界线一样。在这 13 周之后，我就去参加了芝加哥马拉松，为一个 3 小时小组计时，去帮助一群人达到他们的跑步目标。那段在坦桑尼亚可怕的经历，之后成了让我恢复健康的动力。当我们以 2 小时 59 分钟 30 秒的成绩冲过终点线之后，我知道我需要选择下一场比赛，一场只为了我自己的比赛。

我参加了田纳西州的大烟山（Smoky Mountain）马拉松。这里的赛道风景优美，地形也没有什么压力，也不需要追求某个特定的完成时间，我知道自己追求个人最好成绩的那些日子已经过去了。我仍然刻苦训练，但是比以前跑得少了。我会经常把手表留在家里，还会在跑步时观察周围的环境，我已经跑过几千次了，但以前从来没有认真观察过。我计划走完大烟山马拉松的山路赛道，然后把其他路段跑完。我唯一的目标就是完成 42.195 公里的比赛。

刚刚经历一年比较混沌的日子，在大烟山马拉松比赛的那天，我非常沉着且冷静地迎接了挑战，这标志着我跑步生涯开启了一个新时代。也许就是在那个时候我明白了一个真理：你越是紧紧抓住某件东西，它就越难抓住。我终于放松了对跑步的控制，跑到第 32 公里的时候，我竟然在比赛中领先了。谁会想到呢？反正我肯定没想过。那年我 43 岁，第一次在马拉松比赛中夺冠。

我的健康问题使得我要不断地调整跑步在生活中扮演的角色。每个人都会不断成长，都有自己的人生路要走，而且每个人参加这项运动的原因也各不相同。我发现，实现一生都坚持跑步的关键在于你能够聆听自己身体发出的"声音"，以及有暂时离开的自信，不仅是因为生病或者受伤而被迫离开，还包括在有很大冲动想去尝试新事物的时候。有些事情会暂时中断我的跑步运动，例如我在投入铁人三项的赛事时，或是我骑着自行车游历全国时，而正是这些事情给了我值得一生回味的经历，以及"满血"回归跑步的能力。在无法跑步的期间，你可以重新审视一下自己，想想为什么喜欢跑步，以及你想如何继续进行这项运动。

尽管莱姆病会导致我的关节疼痛，引起我的右腿受伤，让我在走路的时候甚至有点一瘸一拐的，但我还是喜欢去参加很多比赛。除了心态的改变，我还尝试了一种能让我坚持下去的方法。杰夫·加洛韦（Jeff

Galloway）在几年前就开始用跑 / 走的方法参赛，这也给了我莫大的帮助。这个方法的关键是要找到最适合个人目标的跑 / 走比例。如果我想在 5 个小时内跑完马拉松比赛，我可以选择跑 3 分钟走 1 分钟。我倾向于在第一个 21 公里用跑 / 走的办法，如果感觉还好，就跑完全程马拉松的后半程。如果你有适应能力并保持着开放的心态，你就可以坚持很多年。

我不会假装有什么神奇的方法能让人一直跑下去，如果有的话我就申请专利去了，还能赚很多钱。不过一路走来，我已经有了一些方法，有助于延长你的运动时间，并让你乐在其中。我曾经以为南非同志超级马拉松会是我的最后一役，但 7 年过去了，我依然坚持跑完全程马拉松。我可能跑得不算快，也没有完美的跑姿，但我仍然热爱着跑过的每一步。

力量训练

和许多年前相比，现在很多跑者似乎都了解力量训练的重要性。我们已经知道，这种辅助训练可以减少受伤风险，提升跑步经济性，也有助于保持良好的跑姿。不仅如此，它还能增强肌肉的能力，让你在某个特定配速下持续更长时间。你肌力越强，你就越不可能在比赛后期崩掉。我们跑在公路、跑道以及山路上，身体会受到相应的冲击，抗阻训练则能帮助身体更好地缓解这些冲击，也让我们认清身体的实际情况，还能消耗卡路里，让我们保持苗条。

我总是一周去两次健身房。当我在那里训练的时候，我会集中练习力量和柔韧性。日常的力量训练相当简单，我主要集中注意力训练稳定肌，还有肌腱，因为这是我们跑步时要用到的主要肌肉。

我们可以选择很多方式来进行力量训练。如果你不喜欢，你大可不必去举重房自己做硬拉之类的练习。现在，你可以去尝试 CrossFit[①]，瑜伽、运动塑形操[②]、普拉提等，喜欢就好。我尝试过所有这些方法，我唯一的建议就是请你找到你喜欢的东西，因为只有做你喜欢的事情时，你才更有可能坚持下去并从中获益。

随着年龄增长，我们的肌肉质量与骨密度会开始发生退化。单纯的跑步无法避免这一过程，这也是不要管年龄多大都应该养成进行抗阻训练习惯的另一个原因。那么，高次数和低强度与低次数和高强度，哪种训练方式更好呢？有很多关于这方面的研究和理论。虽然没有什么特别研究，但是我认为不管做什么总比不做要好。另外，自重训练也相当不错。如果你刚开始在日常训练里加进这些内容，记得开始时要保守点，重点应该放在动作的正确性上，然后在你的身体适应之后再逐渐增加难度。

专家们给跑者推荐了数百种不同的力量练习方法。根据我的经验，每周两次，每次约 30 分钟的训练对我来说是很有效的。如果你能坚持做下来，那你的力量训练就会有效果，并能达到预期的目的。之后每个月把目标再调高一点，这样会让你的精力更集中，确保你不会停滞不前。

① 一种源自美国的健身体系，强调高强度、多样化、功能性及群体训练。——译者注
② 一种结合了芭蕾和普拉提的新形态运动。——译者注

对跑者来说，一次锻炼如果只能锻炼某一块肌肉，这就不是正确的锻炼方式，最佳的训练方式是一次就能同时锻炼到多组肌肉群。

下面这些基本的训练都可以加入到你的日常练习当中。所有这些训练都可以有无数种变化，你也可以自己探索出更多种变化。重要的是，要确保你做的动作准确，如果需要指导的话，不妨去当地的健身馆里寻求专家的帮助。

- ▶ 平板支撑和侧平板支撑
- ▶ 自行车
- ▶ 超人式
- ▶ 俄式转体
- ▶ 登山
- ▶ 桥式
- ▶ 经典俯卧撑
- ▶ 徒手深蹲（含单腿深蹲）
- ▶ 弓步蹲
- ▶ 波比跳
- ▶ 腿弯曲（带球）
- ▶ 引体向上
- ▶ 双臂屈伸
- ▶ 提踵
- ▶ 哑铃深蹲推举
- ▶ 哑铃卧推

柔韧性

我想，让跑步的人弯下腰去碰自己的脚趾是一件很难的事情，我们都不是很灵活的人。大多数的马拉松爱好者都躲不开车道上吹过来的报纸。

在跑步中，提高柔韧性能加大我们的动作幅度，有些拉伸运动确实可以让我们免受伤害，当然，我们也没有任何必要去达到冈比

（Gumby）^①的状态。如果我们过于灵活，那么在跑步时我们的效率也不会太高。但是，如果我们太过僵硬的话，跑完步后第二天我们可能连床都下不了，这之间有一个微妙的平衡协调关系。

在跑步之前，对还没有预热的肌肉进行静态拉伸的做法已经过时了。现在的研究表明，在训练计划执行之前，最好的方式是动态的热身运动，其中包括了能让肌肉做好工作准备的柔韧性动作。这是什么意思呢？许多自重训练同时也会包括适量的柔韧性训练，加上它们是主动的，比被动的仰卧起坐伸展运动要好。可以把那些瑜伽动作留到跑步之后做。在此之前，做一些动态动作，来唤醒那些在办公桌边睡了一整天觉的肌肉。弓步前行、深蹲、腿摇摆、后抬腿、高抬腿等动作都能达到目的。

另一种流行的日常柔韧性动态训练动作方式是主动分离式伸展（AIS），这种做法需要用到一根弹力带，可以在任何时候做：跑步前，跑步后，晚上看电视时或者睡觉前。AIS 的基本前提是，通过积极收缩拮抗肌来分离你想拉伸的肌肉。举例来说，如果你想拉伸腘绳肌，你可以先收缩你的股四头肌，这样能使你的腘绳肌放松。每次保持拉伸不超过 2 秒钟，重复大约 10 次。慢慢地加大动作幅度，你可以很快地在日常计划里完成这些。

我自己怎么热身？我每次跑步之前都会以一个很慢的速度开始，所以前 10~12 分钟就是我的一个循序渐进、简单轻松的拉伸。我们的生活在以一种疯狂的配速向前行进，所以跑步的时候不妨放慢一点。我们

---

① 美国著名的卡通人物之一，身体能灵活变化。——译者注

跑者可能没有办法摸到自己的脚指头，但好消息是我们真的不需要做到这种程度。如果你一直坚持力量训练，在跑前坚持做一些简短的动态热身，你就算是做得很好了。

交叉训练

和大多数跑者不太一样，我很喜欢交叉训练。许多人会认为这是对受伤的惩罚，或者是在跑休的日子里额外消耗一些卡路里。对我来说，交叉训练是一个尝试新鲜事物的好时机，也可以从跑量的压力中放松休息一下。我把所有的交叉训练都加入到每周的训练中，包括为备赛而进行的训练。随着年龄的增长，交叉训练能让我保持健康，我几乎没有受过伤。

我常用的锻炼方式之一是不用手的椭圆机运动，它能模拟跑步，又不会有冲击，如同在没有地面撞击的情况下跑了几公里。我也同样喜欢夏天到室外游泳池做深水跑步练习，而且不会使用浮力装备。我会走到最深处，模仿我的跑步步幅，在水中可能会有点儿夸张。我移动得越快，就越能保持漂浮状态。这是另一种既可以获得跑步的好处又不会实际冲击地面的好方法。

亚索锦囊 **受伤后的交叉训练**

因受伤退出并不代表失去了一切。你还是可以进行有氧健身，这会帮助你在受伤后更容易恢复。集中精力做好交叉训练，还可以帮你保持喜欢的生活方式——如果你日常坚持这种训练的话，那么你很有可能也会一直保持乐观，这对康复过程非常重要。

下面有一些适合受伤跑者进行交叉训练的方法：

1. **听取专业人士的建议。**和你的治疗专家讨论下你做哪种锻炼比较安全，什么时间开始做比较合适。根据你的伤情，某些形式的交叉训练可能会加重伤病或者延长你的康复时间。要充分了解你能做的是什么锻炼，而不是引发不必要的伤害，这点非常重要。

2. **保持较高心率。**听起来很简单，但是跑者们已经习惯于跑步，通过这种锻炼方式使心血管受益。在进行其他形式的锻炼时，我们可能会变得懒惰。所以，当你踏上自行车或者椭圆机时就不要半途而废，你要有自己正在努力工作的感觉。自己可以设计一种类似跑步训练中的间歇训练计划，不仅让你在机器上的锻炼更有效率，也能让时间过得更快。

3. **仔细选择交叉训练的形式。**除了你的医生建议（这是首选的，也是最重要的），选一种你自己喜欢做的或者至少是想尝试一下的运动。如果你不喜欢游泳，那就不要去，另外找一些有趣的、能吸引你的运动。

4. **制订计划。**当你进行备赛训练的时候，你会有一个清楚的训练计划。当你受伤的时候，你也要为重新开始跑步做准备。要像为下一场马拉松备战一样制订一个计划表，然后坚持下去。

5. 物理治疗要放在首位。如果你有必须完成的运动及力量训练计划，并预约好了要去做物理治疗，那么后者比其他任何事情都重要。所以，在时间紧张的情况下，如果你在犹豫是去游泳还是去做物理治疗训练，你必须优先考虑后者。

我会确保每周进行两次交叉训练，这在我 40 年的跑步生涯中可以说是至关重要的。很抱歉，我们没有其他替代方法，只有跑起来才是成为一个更好跑者的唯一途径，如果你在交叉训练中能保持较高心率水平，也能帮助提升你的心血管健康水平。它还可以使你成为一个更全面的运动员，降低受伤的风险，锻炼到不同的肌肉，会让你变得更加强健。

初跑者在逐渐适应一个跑步训练计划后，我会建议他们增加一些交叉训练。额外的几天锻炼会让身体更加强健，跑起来感觉更轻松，也有助于一个新手保持投入的状态，减少倦怠或者沮丧的因素。如果有人想减掉几公斤体重，骑自行车、游泳或者去健身房都有助于实现这个目标。

对于容易受伤的跑者来说，用交叉训练来替代周跑量的 30%，可以有效预防受伤的问题。许多国家的顶级长跑运动员在临近重要比赛时，如果身体遇到麻烦都会使用这种方法。2015 年，世界锦标赛 10 000 米的铜牌获得者埃米莉·英菲尔德（Emily Infeld）在准备参加 2016 年奥运会预选赛时，经历了一次应力性骨折。她没有把时间浪费在担忧自己健康状况上，而是开始执行严格的交叉训练计划。在预选赛开始前的 5 周她才开始全面恢复跑步，在这之前的 8 周时间里，她游泳、骑自行车、使用椭圆机，就是靠着这些能保持身体强健的运动，她小心翼翼、循序渐进地重新跑了起来。这个秘诀使她成了里约热内卢 ① 10 000 米奥运代表队的首批成员。

营养

说起营养，有点像说起政治或者宗教。首先，我要申明，我不会给任何人列出一个计划，也没有什么节食秘籍。事实上，我很少使用"节食"这个词，因为大多数人会把它和减肥联系在一起，但是减肥不应该是目标，我们的目标应该是身体健康，我更愿意称之为食物养生法。

多年来，我一直是一个严格的素食主义者。我的理由合乎伦理，因为我非常热爱动物。所以，我很长一段时间都没有吃肉，而且我 90% 的时间吃纯粹的素食，某些时候因为恢复我会选择比萨作为食物，所以才没有成为一个完全的纯素主义者。作为一个素食主义者，我有时会遇到一些挑战，不过我从我所追随的一些超级高手那里得到了一些建议，比如斯科特·尤雷克（Scott Jurek）和迈克·沃迪恩（Mike Wardian），他们也会在跑步中环游世界。斯科特是纯素主义者 ②，迈克是素食者，我对他们如何在环球旅行中坚持自己的饮食方法，以及保持深不可测的跑量深感敬畏。

来说说迈克。2017 年初的 7 天里，他在 7 个大洲上跑了 7 次马拉松。

---

① 2016 年奥运会在巴西的里约热内卢举行。——译者注
② 纯素主义者，既不吃也不用任何动物产品，如蛋、丝绸、黄油等。——译者注

他担心素食补给的供应，因为这会极大地影响到他的成功。所以他带了
两袋食物，包括 20 包燕麦片、自制的格兰诺拉燕麦卷、能量棒、杏仁酱、
椒盐脆饼、拉面和味噌汤。他还把一些婴儿食品打包带了过来，确保在
诸如南极洲这样的偏远地区能获得容易消化的水果及蔬菜。

无论你的饮食遵循什么原则，有 3 个基本规则适用于跑步人群：

1. **你需要碳水化合物。** 在转化为糖原后，碳水化
   合物是耐力运动最佳和最有效的能量形式。你需
   要摄入碳水化合物，这样才会有更好的表现，并
   更快地恢复。你要在正确的时间选择正确的食
   物。如果你正在参加马拉松比赛，你需要补充单
   糖，例如能量胶和咀嚼片。如果你正在吃饭，不
   妨选择更有营养的食物，比如谷物、水果，还有
   蔬菜。

2. **在长时间跑步或者高强度锻炼之后的 30 分钟内
   进食。** 这一点已经成了跑步常识了，所有的研究
   都支持这个说法。摄入大约 250 卡路里含少量蛋
   白质的碳水化合物，会帮助你更快地恢复。

3. **不要吃用塑料包装的食物。** 你的选择应该是
   真正完整的、未加工的、不含化学成分的食
   物。一个好的经验法则是，在超市靠外的一圈购
   物，别买加工食品。你的正餐和小吃应该由高质
   量的食物组成，精益蛋白质、全谷物、豆类、水
   果、蔬菜和优质脂肪。

我不喜欢让自己的饮食习惯变得过于复杂，但我认为，大多数时间坚持健康选择，偶尔放纵一下，这样能让我更好地跑步。我认为，在跑圈里有个很大的误区，就是"只要炉子足够热，就能燃烧一切"。这其实是不对的，只有更好的食物才会带来更好的运动表现，以及更高的生活质量。平衡往往是所有事情的关键因素，也包括了我们吃什么。

跑圈

你可以跑完所有的里程，吃所有正确的食物，然后举起你想要的所有重量。当然，这些策略会让你成为一名优秀的运动员，并且能保持长久的跑步生涯。但是，让你能坚持这项运动更重要的原因是那些和你一起参加这项运动的人。我仍然还在跑步，因为我无法想象如果没有这个圈子的话我会怎样。

我一直把鼓励人们开始跑步当成我的责任。我指导他们参加人生的第一场比赛，我也是第一个加油鼓励他们坚持到终点的人。就在终点线上，我不断地看到跑圈是如何欢迎各种年龄和不同能力的人。当我在20世纪80年代初刚开始跑步的时候，跑马拉松的人都是严肃并追求速度的人。现在，任何人都可以梦想着完成一项全程马拉松赛事——对教练、训练计划、俱乐部和休闲跑团的需求激增。从来没有这么多的资源和技术可以用来帮助一切有目标的人，无论目标是完成一场5公里比赛，还是赢得一场80公里比赛。

我参加过很多赛事，每年都超过40场。我会遇到很多人，他们克服了各种难以想象的困难来参赛。有的人告诉我，他们减重近68公斤，想尝试在马拉松比赛跑进 3 小时；有的人告诉我，他们很高兴可以找到星期日开跑的比赛，因为星期五要做化疗，星期六的时候副作用最严重。每当我听到这些，总是会默然。每当我不知道我的身体是否还能继续坚持跑下去的时候，我就会想到这些人，想到这些故事。我想成为这个世界的一部分，我不介意落在后面，只要我还能快乐地奔跑。

我们要珍惜在这项运动中拥有的东西，其中很重要的一点是努力从每个角度和不同角色中体验跑步。例如，当你经历过一场赛事之后，在参加另一场比赛时，就会对一切让比赛成功的细节安排心生感激。当你四下打量，你就能意识到一些人做的所有努力：去申请得到街道举办许可，募集终点食品的捐赠、招募赞助商，以及招募志愿者。你要是注意观察赛事总监，就能知道她那天起得有多早，因为要确保补给站里有足够的水，移动厕所没有上锁等。

如果比赛那天你决定做志愿者而不是参赛，你会发现帮助别人实现他们的目标和实现自己的目标一样令人充满成就感。或许你加入了一个本地跑团，并在里面发挥着领导作用。你的时间和技能可以通过许多不同的方式发挥作用，你越慷慨地支持这项志愿者的工作，你就越能从中获得更多。

当我在《跑者世界》临近退休的时候，有时也会想一件事：一场宾夕法尼亚州摩尔镇的 10 公里赛事是如何让我成为现在这个样子的。一开始乔治鼓动我参赛，因为他想拉我离开那条必然的绝路。那时，我找不到前进的方向，也没有什么让我信服的理由能让我远离酗酒的生活。当时我在为一家制药公司开车送货，我没有大学学历，也几乎没有什么目标——直到我发现了跑步给我引领的方向，以及因为跑步进入我生活中的人们。在跑过七大洲和离家较近的地方之后，毫不夸张地说，就是这种把一只脚放到另一只脚前面的运动，完全改变了我的生活。我见证了跑步的力量，它改变了如此多的人，这也是我最终找到的目标：激励他人在跑步中找到健康、快乐的意义。

我第一次参加的马拉松比赛大约有 300 人参加。现在，一个 42.195 公里的比赛如果有 5 000 人参加都算是小型赛事，纽约市每年 11 月份举办的比赛有 50 000 人参加。当我开始跑步的时候，任何距离的比赛都没什么女性参加，而现在，她们在美国所有赛事的完赛者当中占了 57%。这扇运动之门是开放着的，能让参加的人们比以往任何时候都多，而人们也因为各种各样的原因蜂拥而至。

这么多年来，我钟情于比赛的原因一直都没变。那就是它让我们拥有梦想，而且可以通过努力实现。它鼓励我们挑战自己，勇于冒险。对很多人来说，仅仅出现在起跑线上就要有足够胆量，这是一种勇敢的表现，它教会我们如何突破自己的局限，去发现我们是否还能做更多的事情。

在我的生活中，跑步既是一次鲁莽的冒险，也是舒适和稳定的源泉。所以我说，尽你所能，尽量长久地去参赛。同样的，永远不要限制跑步可以带你去的地方。我自己也迫不及待地想看看接下来会发生什么。

巴特·亚索

　　谢谢我在《跑者世界》和罗代尔公司的所有同事。我和这些令人惊叹的天才们在一起共事，他们也成了我一生的朋友。谢谢罗代尔这个大家庭，在过去的 30 年里，你们一直给予我指引、鼓励和支持。我对你们为我所做的一切深表感激。

埃琳·斯特劳特

　　谢谢亚索和罗代尔公司给我这个机会，让我首次成了一本书的作者。感谢我在《跑者世界》的同事们，尤其是斯科特·道格拉斯（Scott Douglas）和萨拉·洛奇·巴特勒（Sarah Lorge Butler）。谢谢你们给我提供了建议、指导和咖啡。还要谢谢亚利桑那旗杆镇（Flagstaff）的跑团，你们是一群像家人一样的朋友，谢谢你们一直引导我，让我坚信跑步运动值得坚持。

　　和很多国内跑者一样，我第一次看到"亚索800"这个词是在网上的某篇跑步文章，略觉奇怪，仔细搜索一番之后才知道原来亚索是个人名，"亚索800"是一种简单有效的训练办法。后来，大概是在2015年，我看到一本巴特·亚索与他人合著且在国内出版的书《马拉松训练宝典》，特意买下，现在还会经常当工具书不时翻看。

　　也就是从这本书开始，我对跑步这件事变得严肃认真起来。跑步并不是一穿鞋二开跑这么简单，需要注意的细节很多。于是，不经意之中，我在跑步这个"坑"里越陷越深，当然，我的马拉松比赛成绩也一直稳步提升，最重要的是，这么多年来我没有什么伤痛。不过，我还是能看到听到不少跑友不太把跑步当回事，认为跑步是件极简单的事儿，任性地瞎练并因此受伤，我知道后内心颇不是滋味，所以索性摇身一变，成了一名跑步/马拉松教练，带着朋友们一起安全"入坑"。

亚索"入坑"更早，有40年以上的跑步经验，堪称"跑步大神"。他的这本新书介绍了很多科学、实用的训练方法，且分得很细，如针对5公里、10公里、半程马拉松、全程马拉松、超级马拉松等赛事提供了很好的训练计划，无论是新手还是资深跑者都能从中受益。例如，亚索很重视的跑坡训练及跑山路练习，我在自己的训练计划中加入了这些内容，颇觉管用。

当然，这本书的重点其实并不是介绍训练方法，更有价值的内容其实是亚索分享他曾经参加过的5公里、10公里、半程马拉松、全程马拉松、超级马拉松等经典赛事的经验与感受，还有一些需要读者认真看的关于各项赛事的建议及攻略。例如，纽约马拉松参赛当天的准备，亚索甚至写到了这种细节："我建议你带些杂志或者报纸来打发时间，甚至一副扑克牌也行……"还有比赛中到达某个地点的注意事项："成千上万的人冲着你喊'加油'，你周围的其他参赛者这个时候都会有加速的自然反应，你也会开始越跑越快。不要上这个当，现在就'踩油门'还早了点儿。"又例如波士顿马拉松，亚索再三提醒读者要注意下坡路段，并强调赛前针对下坡的练习，以便让股四头肌提前适应下坡。诸如此类，关于各种赛事的备赛、参赛，书中都有大量的靠谱细节，认真看完这些，再去参加那些经典赛事，新手就能快速地成长起来。

其实，我觉得更应该看这本书的是赛事的组织及运营机构。亚索在书中介绍了很多经典赛事的运营方式，看着就相当有趣，十分吸引人，值得我们借鉴。我们可以把国内赛事办出特色，办得有文化、有内涵、有亮点，然后邀请亚索来参加，以后在这本书的新版里把国内赛事也加上一二，那才叫圆满。

因为这本书中涉及铁人三项、自行车、游泳等我不太熟悉的领域，在翻译过程中我也请教了一些专业的人士，如 Ric 等，咨询求证了一些专业术语，非常感谢他们。还有跑步学院的教练们，还记得当时我们讨论过的 Float 这个词儿吗？比慢跑 jog 及比走路快那么一点的 Float，感谢你们的建议。对了，还有跑者说的老虎，谢谢你的牵线搭桥，百人百天是个很酷的模式，我夫人一直泡在里面不愿出来。

还要特别感谢新氧力、跑你及南跑团、爱救团、南沙跑步一族等组织的朋友们，你们的鼓励和期盼是我能够持续保持高度认真的态度翻译这本书的最佳动力。记住我们之间的约定：更健康不受伤，一起跑一辈子。

这本书的翻译工作由我夫人陈湘虹女士和我一起完成，大致是一人翻译一半，然后互相审核校正：她是英语专业出身，我是跑步教练，配合起来算是相得益彰。

写完上面这些话的日子，正好是家里小妞 4 岁的生日当天。这本书也是献给你的——米小小米乖乖，希望你能为自己的爸爸妈妈感到骄傲、自豪。顺便说一下，你"原生态"的跑姿慢动作视频上传网络不到一年，播放次数已达 2 万。爱你，永远。

湛庐CHEERS

跑步革命
你准备好了吗？

"奔跑的未来"系列图书

国内第一套系统、专业的跑步书系

科学跑步　进阶指南

尚未开始，
希望了解跑步

>>>>>>

《运动改造大脑》

源自哈佛医学院超过 20 年的潜心研究，重印超过 16 次、被译为 10 种语言、风靡全球的革命性读物！

《动起来更聪明》

一本引领青少年动起来的革命性读物，领跑亚马逊书榜、引爆《纽约时报》畅销榜单！

《朝圣波士顿马拉松》

优客工场创始人、"毛线团"公益跑团团长毛大庆担纲翻译，中国跑友献礼世界马拉松大满贯明珠之作！

《路跑之王》

30 年前美国这段历时 10 年的跑步风潮正在我们身边上演，跑步风潮到底会如何继续？

《跑步圣经》

央视体育评论员于嘉担纲翻译，连续 14 周登上《纽约时报》畅销书排行榜，陪伴 5000 万美国人一生的精神读本。

《奔跑的力量》

优客工场创始人、"毛线团"公益跑团团长毛大庆担纲翻译并鼎力推荐，纯素食铁三选手励志巨献，打破沉静绝望的生活，发现最真实的自己。

《天生是英雄》

畅销书作家克里斯托弗·麦克杜格尔，《天生就会跑》之后的又一本力作。

国内第一套
原创跑步绘本

中国马拉松运动推动第一人、励志跑者田同生携手女儿田十川诚意之作。

>>>>>>

《百马人生，从55岁开始》

《百马人生，跑向波士顿》

《百马人生，跑向纽约》

《百马人生，跑向东京》

入门跑者

《姿势跑法》

跑圈最盛行的三大跑步法之一——"姿势跑法"，真人配图、实战操作指南，两届奥运会教练，运动损伤诊断、预防和康复锻炼多领域运动科学家尼克拉斯·罗曼诺夫博士倾力巨献！

《太极跑》

跑圈最盛行的三大跑法之一，20 多万跑者亲身实践，让你不再因伤停跑！

《跑步的197条守则》

踏上跑道前必看的第一本书，"42 旅"创始人苏妍如担纲翻译，献给全世界最欢乐的、可以边读边写的跑步手册。

《跑步时，我拥有整个世界》

新浪高级副总裁、新浪体育有限公司总经理魏江雷首部个人专著；从踏出的第一步开始，与大 A 一起科学地跑，有态度地跑，开启新地生活方式！

《跑者脑力训练手册》

波士顿马拉松心理医生、哈佛心理学家杰夫·布朗重磅新作；优客工场创始人毛大庆担纲翻译并鼎力推荐。跑步，不仅要有好体力，还要有好脑力！

《耐力：无伤、燃脂、轻松的MAF训练法》

一本助你消除"啤酒肚"游泳圈，减肥减脂的福音书；耐力运动领域里最强大、最具探索精神的大脑带你走进耐力的真实世界。

中级跑者

《马拉松训练宝典》

全球最权威跑步杂志《跑者世界》历时 3 年倾力奉献，"亚索 800"发明者亚索领衔打造！

《跑步时该如何呼吸》

《跑者世界》"年度贴士"带你打造革命性呼吸法！

《酷能跑步营》

从脚步力量训练开始，关注心率和速度，带你缔造跑步奇迹！

《刷新PB》

芝加哥马拉松官方训练计划制定者 HAL HIGDON 给所有跑者的综合指南，带你安全、高效地创造属于自己的 PB。

高级跑者

《马拉松终极训练指南》

芝加哥马拉松官方训练计划制订者 HAL HIGDON 系列作品；畅销 22 年，全球 50 多万人亲身实践。

《丹尼尔斯经典跑步训练法》

"美国最佳教练"倾力打造，首度详尽阐释三大经典跑法之"乳酸门槛跑"，最具科学性的最佳跑者训练教程！

《你可以跑得更快》

马拉松成败的 6 大因素深度解析，12 套周期性训练计划，多位马拉松世界冠军经验分享，强势助力刷新 PB！

扫码获取
适合你的
跑步图书

未来，属于终身学习者

我这辈子遇到的聪明人（来自各行各业的聪明人）没有不每天阅读的——没有，一个都没有。巴菲特读书之多，我读书之多，可能会让你感到吃惊。孩子们都笑话我。他们觉得我是一本长了两条腿的书。

——查理·芒格

互联网改变了信息连接的方式；指数型技术在迅速颠覆着现有的商业世界；人工智能已经开始抢占人类的工作岗位……

未来，到底需要什么样的人才？

改变命运唯一的策略是你要变成终身学习者。未来世界将不再需要单一的技能型人才，而是需要具备完善的知识结构、极强逻辑思考力和高感知力的复合型人才。优秀的人往往通过阅读建立足够强大的抽象思维能力，获得异于众人的思考和整合能力。未来，将属于终身学习者！而阅读必定和终身学习形影不离。

很多人读书，追求的是干货，寻求的是立刻行之有效的解决方案。其实这是一种留在舒适区的阅读方法。在这个充满不确定性的年代，答案不会简单地出现在书里，因为生活根本就没有标准确切的答案，你也不能期望过去的经验能解决未来的问题。

湛庐阅读APP：与最聪明的人共同进化

有人常常把成本支出的焦点放在书价上，把读完一本书当作阅读的终结。其实不然。

时间是读者付出的最大阅读成本
怎么读是读者面临的最大阅读障碍
"读书破万卷"不仅仅在"万"，更重要的是在"破"！

现在，我们构建了全新的"湛庐阅读"APP。它将成为你"破万卷"的新居所。在这里：

- 不用考虑读什么，你可以便捷找到纸书、有声书和各种声音产品；
- 你可以学会怎么读，你将发现集泛读、通读、精读于一体的阅读解决方案；
- 你会与作者、译者、专家、推荐人和阅读教练相遇，他们是优质思想的发源地；
- 你会与优秀的读者和终身学习者为伍，他们对阅读和学习有着持久的热情和源源不绝的内驱力。

从单一到复合，从知道到精通，从理解到创造，湛庐希望建立一个"与最聪明的人共同进化"的社区，成为人类先进思想交汇的聚集地，与你共同迎接未来。

与此同时，我们希望能够重新定义你的学习场景，让你随时随地收获有内容、有价值的思想，通过阅读实现终身学习。这是我们的使命和价值。

湛庐阅读APP玩转指南

湛庐阅读APP结构图：

12+图书订阅服务	泛读：一书一课
纸质书	通读：通识课
有声书	精读：精读班
电子书	

读什么 — 湛庐阅读APP — 怎么读

优秀的读者和终身学习者 — 与谁共读 — 跟谁读 — 作者、译者、专家、推荐人和阅读教练

三步玩转湛庐阅读APP：

读一读 ▽

湛庐纸书一站买，
全年好书打包订

书城

听一听 ▽

泛读、通读、精读，
选取适合你的阅读方式

扫一扫 ▽

买书、听书、讲书、
拆书服务，一键获取

扫一扫

APP获取方式：
安卓用户前往各大应用市场、苹果用户前往APP Store
直接下载"湛庐阅读"APP，与最聪明的人共同进化！

使用APP扫一扫功能，
遇见书里书外更大的世界！

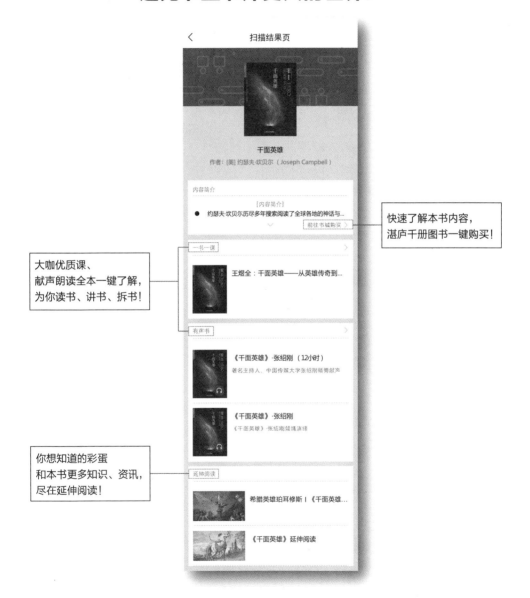

大咖优质课、
献声朗读全本一键了解，
为你读书、讲书、拆书！

快速了解本书内容，
湛庐千册图书一键购买！

你想知道的彩蛋
和本书更多知识、资讯，
尽在延伸阅读！

图书在版编目（CIP）数据

亚索赛事锦囊 /（美）巴特·亚索，埃琳·斯特劳特著；刘
瑾青译 .—杭州：浙江人民出版社，2019.6
书名原文：Race Everything: How to Conquer Any Race at Any
Distance in Any Environment and Have Fun Doing It
ISBN 978-7-213-09316-6

Ⅰ.①亚…　Ⅱ.①巴…　②埃…　③刘…　Ⅲ.①运动竞赛—通
俗读物　Ⅳ.①G808.2-49

中国版本图书馆 CIP 数据核字（2019）第 101958 号

浙 江 省 版 权 局
著作权合同登记章
图字：11-2018-432号

上架指导：运动健身 / 跑步

亚索赛事锦囊

〔美〕巴特·亚索　埃琳·斯特劳特　著
刘瑾青　译

出版发行：浙江人民出版社（杭州体育场路 347 号　邮编　310006）
　　　　　市场部电话：（0571）85061682　85176516
集团网址：浙江出版联合集团　http://www.zjcb.com
责任编辑：傅　越
责任校对：戴文英
印　　刷：石家庄继文印刷有限公司
开　　本：720mm×965mm 1/16　　　　印　　张：14.5
字　　数：168 千字　　　　　　　　　插　　页：0
版　　次：2019 年 6 月第 1 版　　　　印　　次：2019 年 6 月第 1 次印刷
书　　号：ISBN 978-7-213-09316-6
定　　价：69.90 元

如发现印装质量问题，影响阅读，请与市场部联系调换。